las cartas Kama Sutra

Siddha Rati

las cartas del Kama Sutra

De Vecchi
DVE Ediciones

ISBN: 978-1-63919-306-6

Índice

LAS CARTAS

JUEGOS ADIVINATORIOS

Introducción

Para muchos occidentales el *Kama Sutra* es un libro pornográfico. Sin embargo, como escribió Alain Daniélou, uno de los más prestigiosos especialistas en culturas orientales del siglo pasado, «constituye un estudio imparcial y sistemático de uno de los aspectos esenciales de la existencia, y no tiene ningún punto en común con la pornografía. El *Kama Sutra* es, ante todo, una representación del arte de vivir del ciudadano civilizado y refinado que completa, en el ámbito del amor, el erotismo y los placeres de la vida, otros dos tratados paralelos que son el *Artha Shastra*, que versa sobre política y economía, y el *Dharma Shastra*, que trata de la moral, y a los que siempre hace referencia. El erotismo es, sobre todo, la búsqueda del placer, y las técnicas eróticas tienen como objetivo alcanzar el paroxismo al que las *Upanishad* otorgan el valor de una percepción en la línea del estado divino, que es una voluptuosidad infinita».

Este libro, escrito entre los siglos I y IV d. de C., está formado por varios tratados, que tienen por tema la vida sexual y social de los hindúes de las castas altas.

La primera versión del *Kama Sutra* tiene un origen mítico y se atribuye a Nadi, compañero del dios Siva. Este primer núcleo fue resumido y continuado por varios autores, entre los que destaca Vatsyayana, un literato residente en la ciudad de Pataliputra, que escribió una compilación con la forma que habitualmente se conoce.

Cuenta una leyenda que Vatsyayana, que vivió en el siglo IV, además de ser un hombre extraordinariamente culto también era muy ávido de dinero y placeres. Fue consejero del príncipe Shatavhana, el cual se comportó muy generosamente con él. Pero, acercándose ya al momento de la muerte, el príncipe supo que Vatsyayana había provocado que se acusara de fraude a las arcas públicas y de otros delitos a varios ministros, cuando él era el responsable directo.

Entonces fue condenado a una extraña pena: encerrado en una fortaleza, era «atormentado» por cinco mujeres jóvenes y deseosas, que cada mes eran sustituidas por nuevas «torturadoras».

El propósito era verle sucumbir, vencido por la exuberancia de las cortesanas. Él, por el contrario, a lo largo de cuatro años logró llevar a cabo y describir todas las experiencias eróticas posibles e imaginables.
El *Kama Sutra* refleja el pensamiento filosófico hindú, según el cual el alma se reencarna continuamente para alcanzar el nirvana a través de la purificación del karma (el peso de las acciones de la vida presente y de las precedentes que determina la reencarnación). La purificación se obtiene siguiendo las tres grandes metas de la vida, la última de las cuales, el *kama*, se refiere a todo lo que afecta a los sentidos.
Por este motivo, las cartas que presentamos no reproducen solamente posturas referidas a las relaciones sexuales, sino también una serie de símbolos referidos a las 64 artes del *kama*, entre las cuales figuran el juego, la danza, el canto, la recitación de poemas, objetos, flores y animales que embellecen la vida, etc., que tienen un efecto psicológico importante, y no sólo para los hindúes.

La relación sexual como forma de oración

Según los textos antiguos hindúes, la mujer es muy importante. En efecto, ella es el sostén de la relación, y sólo a través de ella el hombre puede alcanzar el placer. La relación sexual normal no es suficiente: existe un ritual complejo que consiste en el «despertar» de la mujer antes de la penetración del lingam *(el miembro masculino) en la* yoni *(el miembro femenino), para que puedan surgir, producto de la unión, las energías de renovación y creación.*
Desde esta perspectiva, el placer de los sentidos se convierte en una experiencia de lo sagrado. En la cultura occidental, no parece posible proponer la idea de la relación sexual como forma de oración, como una unión mística a través de la cual se alcanza lo Absoluto y se expansionan las cualidades físicas y psíquicas personales, tal como proponen las doctrinas tántricas, que consideran el erotismo una ciencia sagrada.

La sexualidad: un tema «candente»

La mujer y el placer en Occidente

En la cultura occidental, influenciada por el cristianismo, el placer sexual a menudo se ha valorado negativamente, porque se ha relacionado con la perdición del alma. Por consiguiente, la mujer, vehículo del placer, objeto de deseo y, por tanto, instrumento de pecado, se ha considerado un ser imperfecto y tentador. La demonización de la mujer tiene su origen en el desprecio del cuerpo, el femenino, considerado una versión incompleta del masculino.
Sin embargo, esta connotación negativa del físico femenino no debe atribuirse a la cultura cristiana, sino que se remonta a los orígenes del pensamiento filosófico occidental, que considera la materia y el espíritu como entidades claramente separadas, y cree que la mortificación de la primera es indispensable para la purificación del segundo. En cambio, en la cultura hindú, y en general en las culturas orientales, el alma y el cuerpo son una entidad única e indisoluble.
Aristóteles, en el *De generatione animalium*, afirma que «la mujer es, y ha sido siempre, un varón mutilado, y la catatemia [la semilla femenina] es semilla, pero no en estado puro, ya que hay algo que en ella no se puede encontrar: el principio del alma». Los Padres de la Iglesia hicieron suyas estas teorías. San Jerónimo, por ejemplo, cita a Séneca: «El amor por la mujer de otro es siempre deshonesto, y también es vergonzoso amar en exceso a la propia. El sabio, cuando ama a su mujer, hace prevalecer la razón por encima de la pasión. Se opone al asalto de las pasiones y no se deja llevar por una relación pasional con su propia mujer. No hay nada más infame que amar a la propia mujer como se amaría a una adúltera...» (*Adversus Iovinianum* I, 49). San Agustín condicionó durante siglos la moral católica, restando el contenido sexual al amor y oponiéndose a cualquier forma de placer físico. Afirma que precisamente en el placer del acto sexual se produce la transmisión del pecado original y, por tanto, del mal y de la muerte.
Georges Duby, analizando la moral sexual occidental de los siglos XI y XII, escribe: «El hombre tiene una sola esposa. Debe tomarla tal como es, fría en el cumplimiento de su *debitum*, y le está prohibido calentarla» (G. Duby y M. Perrot, *Storia delle donne – Il medioevo*, Roma-Bari, 1990).

En el ámbito de la reflexión cristiana sobre el cuerpo hay varios aspectos que considerar: el miedo obsesivo al pecado de origen sexual y la consiguiente aversión al placer; la demonización de la mujer, un ser inferior, criatura lasciva y tentadora, por su propia naturaleza dada al sexo; el desprecio por el matrimonio, considerado *remedium concupiscentiae*, y la exaltación del celibato como modelo de virginidad parecido a la virginidad divina, la mortificación de la carne entendida como vía para honrar a Jesucristo.

En Occidente, el cristianismo ha condenado desde siempre el deseo sexual y el placer de la carne, y se han loado los santos y los místicos que llevaban una vida absolutamente casta.

Este concepto perdura todavía hoy como arquetipo. De hecho, cuando pensamos en alguien que ha optado por la vida espiritual, ya sea un monje, un bonzo o un yogui, nos parece normal que su existencia deba respetar los principios de austeridad y abstinencia de cualquier forma de sexualidad.

En los años sesenta del siglo pasado se vivió un proceso que fue definido como la revolución sexual, en contra de la pretensión de control de la moralidad y a favor de la liberación de los vínculos puritanos y opresivos en lo referente a la relación entre los sexos.

Como suele ocurrir en todas las revoluciones, se cayó en el extremo opuesto: una sexualidad sin freno que ha invadido otros ámbitos de la existencia, como lo muestra la publicidad en prensa y televisión, desde la moda a la venta de automóviles, el lenguaje o la alimentación.

Entre Oriente y Occidente

Hoy en día, el número de separaciones y de divorcios aumenta continuamente. Ocurre con frecuencia que dos personas que tienen un buen entendimiento sexual, afectivo y psicológico sufren influencias provenientes de la sociedad: la facilidad por instaurar relaciones extraconyugales y tener aventuras en muchos lugares, el imperativo categórico de priorizar la carrera y la acumulación de dinero, de la imposibilidad de la mujer de dedicarse solamente a la familia, a la gestión de la casa, al cuidado de los hijos.

Las mujeres del tercer milenio están sometidas a presiones que hubieran sido inconcebibles en las generaciones anteriores: deben abrirse camino en la jungla del mercado laboral y procurar obtener buenos resultados en lo relacionado con la afirmación personal, son devoradas por la ambición de ser mejores que los hombres, de ganar tanto dinero como ellos, ya que el dinero es la medida del valor de las personas, pierden mucho tiempo y son víctimas del estrés en los desplazamientos de casa al trabajo, y cuando ya están en casa deben ocuparse de la familia. En estas condiciones es fácil entender que se intente limitar al máximo el nacimiento de hijos, que requiere una disponibilidad total y desmesurada.

Los amores de Krishna, una de las muchas representaciones de Visnú, con Radha, una lechera, son un tema frecuente en la iconografía hindú y constituyen la expresión más pura de la pasión y el erotismo. Museo Guimet, París (© fotografía de RMN/Arnaudet)

EL COMPONENTE SAGRADO DEL EROS EN EL *KAMA SUTRA*

En el Kama Sutra *se habla de erotismo sagrado, palabras cuyo significado debe aclararse para estar seguros de que se entienden exactamente. En la cultura oriental todo el universo se expresa a través de polaridades contrapuestas: activo/pasivo, movimiento/inmovilidad, luz/oscuridad, centro/periferia, hombre/mujer. Los dos polos han de estar en equilibrio continuamente y deben representar la energía cósmica. En este sentido, el sexo es solamente una manera para estar en la naturaleza, un modo de buscar el equilibrio interno. La realización interior es fundamental, y en muchas filosofías pasa por la superación de las peticiones del ego y su aniquilación. En el acto sexual se produce una energía útil para el proceso de liberación del individuo. La sexualidad es, pues, un punto de partida, un simple medio para despertar la conciencia y, como tal, no puede ser ni condenado ni exaltado en términos absolutos.*

En Oriente, en cambio, lo que en nuestra cultura se considera una condición subalterna allí no lo es. En efecto, los pequeños cometidos cotidianos, que para el ama de casa occidental son fastidiosos y despreciables, se consideran actividades nobles, que dan prestigio y acercan a lo sagrado en cuanto manifestaciones de lo divino. La vocación de la mujer a la maternidad se considera sagrada y esta debe dedicarse enteramente a la prole, ya que los hijos tienen prioridad sobre cualquier otra cosa. Esto implica que el marido también debe estar siempre disponible, cumpliendo con su función de allanar las dificultades cotidianas, de procurar el dinero suficiente para asegurar el sustento familiar, es decir, velando por la tranquilidad material y espiritual de la familia.

La mujer es, o debería ser, para su familia, una manifestación divina de Shakti, ya sea como la que ama, protege, educa y cuida, o bien como la que seduce, captura y empuja a la disolución. Sea como fuere, toda mujer es la encarnación de la diosa y, desde este punto de vista, la condición femenina está muy sublimada, y todo lo que tiene que ver con el destino de esposa y madre se considera muy prestigioso.

¿Liberación o instrumentalización sexual?

Frente a una sexualidad empapada de contenido sagrado, en Occidente la esfera sexual —componente fundamental del equilibrio psíquico, necesario para la formación de una personalidad completa y madura— se relaciona con otros factores: el sentimiento de poder, la ambición, el deseo de poseer y de vencer. Pese a que actualmente vivimos una época de liberación sexual, todavía subsisten inhibiciones y curiosidad, dependencias y perturbaciones, tanto por lo que respecta a la presencia como a la ausencia de sexo en nuestra vida. Es indudable que no tenemos una relación serena con la sexualidad. Sólo hay que observar de qué manera los medios de comunicación (cine, televisión, prensa, publicidad, etc.) tratan el sexo, como si fuera un producto, llevándolo al mismo nivel que la pornografía, incitando a sacar provecho de las cualidades físicas de belleza y seducción, y llevando a menudo a la violencia o a la depresión a quienes no se sienten a la altura de los modelos impuestos. Tiempo atrás, cualquier imagen considerada lasciva estaba severamente prohibida. Ahora, en cambio, encontramos por todas partes fotografías muy explícitas que restan valor a la relación sexual y al juego de la seducción. Es un tema que se trata constantemente y desde muchas perspectivas, pero lo cierto es que las estadísticas indican que existe una disminución del deseo, tanto en los hombres como en las mujeres...

Además, aunque desde hace tiempo se predica la igualdad de los sexos, en el terreno erótico se dan muchos comportamientos caracterizados por relaciones de fuerza.

Los diferentes ideales femeninos

En la cultura oriental hay una única energía divina, llamada Shakti, mientras que en Occidente la energía creadora originó dos modelos femeninos contrapuestos: Eva y María. La primera es el origen del mal, mientras que la segunda es la que puede remediar, mediante el sacrificio y el altruismo, los errores llevados a cabo por la compañera de Adán. En efecto, por un lado, el hombre honra a la madre y a la buena esposa, pero por otro, se siente atraído irresistiblemente por la prostituta, lasciva y tentadora; es decir, busca la virtud pero ama el vicio.

El ideal femenino del cristianismo es la virgen, totalmente ajena a los impulsos sexuales, perfecta por su castidad.

La mujer occidental dispone solamente de dos modelos positivos, ambos derivados de la figura de la Virgen María (matrimonio y maternidad o virginidad y velo monacal). En cambio, la espiritualidad hindú no reconoce esta dicotomía. La principal figura divina, Shakti, tiene una importancia fundamental porque es el poder creador, la energía primordial que, uniéndose con el ser divino no indiferenciado, da a luz a lo que es visible y a lo que es invisible: los dioses y los hombres, la eternidad y el paso del tiempo, la fuerza materna, el molde del que nace el proceso de formación de la dualidad.

Shakti crea y protege nuestro mundo, pero al mismo tiempo lo destruye, siguiendo la ley de la transformación continua, según la cual todo lo que ha nacido debe disolverse, cada instante debe desaparecer para permitir que el siguiente pueda manifestarse.

Esta energía se encarna cada vez en diosas que adoptan apariencias diferentes: Lakshmi es la protectora del género humano, la que dispensa felicidad y misericordia; cuando se presenta como Kalí es la señora del tiempo y de la muerte, la imagen de la desaparición y de la disolución de todo lo que existe, pero también de la muerte de lo que nos tiene prisioneros y el anuncio de una vida nueva.

Según la cultura hindú, la vida de la mujer transcurre en su mayor parte dentro de la casa. En esta miniatura, Krishna sale de la estancia en donde acaba de encontrarse con Radha. Museo Guimet, París (© fotografía de RMN/Arnaudet)

El Kama Sutra

La civilización hindú tiene un conocimiento profundo del ser humano y un gran respeto por todas las formas de expresión espiritual y material, entre las que ocupa un lugar de honor la sexualidad y, sobre todo, la reflexión filosófica sobre el deseo sexual, su origen y sus mecanismos.
En muchos textos antiguos hindúes, por ejemplo en la compilación de las *Upanishad*, aparecen reflexiones sobre el placer, considerado tanto desde el punto de vista sexual como en sentido más general, entendido como felicidad. En el poema épico hindú *Mahabharata* se analiza el deseo de la carne en sus distintos aspectos. Así pues, es evidente que Vatsyayana no inventó nada, sino simplemente realizó un compendio de muchos tratados a los que tuvo acceso. Aunque considerado por muchos como una especie de manual de gimnasia erótica, el *Kama Sutra* es, bien al contrario, un tratado filosófico sobre el arte de vivir.

Los principios fundamentales

Según Vatsyayana debe tenerse en cuenta una serie de puntos importantes.

• La persona ha de ser consciente de lo que la vida le ofrece y de sus propias vivencias, y darse cuenta de que es la protagonista de todos los actos de su vida. En este caso es perfectamente aplicable la máxima «conócete a ti mismo». Solamente un conocimiento profundo de la esencia y el carácter propios permite encontrar placer en todos los aspectos de la vida y no experimentar pasivamente las experiencias positivas y negativas.

• Para los hindúes, el cuerpo y la mente no están divididos, como sí lo están en la cultura occidental, en la que existe una clara división entre el espíritu, totalmente positivo, y el cuerpo, la carne, que es el origen de todos los males. Para los hindúes, el cuerpo y la mente constituyen una unidad animada por el *prana*, la fuerza vital, que podríamos definir como «la energía». El hombre forma parte de la naturaleza y tanto su cuerpo como su espíritu contienen los cinco elementos: tierra, agua, aire, fuego, espacio. La energía mueve el cuerpo y el

Los amores de Krishna y Radha son un tema frecuente en las miniaturas que indican el carácter sagrado de la relación erótica. Museo Guimet, París (© fotografía de RMN/Arnaudet)

espíritu, y todas las expresiones del uno y del otro se consideran sagradas. La sexualidad también está incluida en esta categoría.

• Para alcanzar el placer, la felicidad y la realización personales hay que procurar el placer, la felicidad y la realización de los demás, ya que, al ser todos parte de la energía divina, nada es positivo si antes no se realiza para el otro.
Según Vatsyayana, el cuerpo es tan sagrado como lo es el espíritu. La unión sexual no conoce la vulgaridad, la dominación, el pecado. La sexualidad es un arte que debe cultivarse con dedicación porque es uno de los objetivos de la vida del hombre. Una unión carnal correcta con otra persona no puede tener lugar si antes no se han desarrollado algunas características psicológicas y no se ha crecido como individuo. En efecto, la relación no es un encuentro fugaz de la carne, ni un acto que simplemente se consuma, sino que es una verdadera creación en la que deben participar expresiones artísticas no vinculadas directamente con el sexo, como son la danza, la música, etc. Si a una unión le falta la poesía y el sentido de lo maravilloso, todo se reduce a un acto mecánico sin ninguna importancia.

• Vatsyayana plantea una división de los hombres y las mujeres en categorías, según la longitud o la profundidad del órgano sexual. Existen seis tipologías:

— el hombre liebre;	— la mujer cierva;
— el hombre caballo;	— la mujer yegua;
— el hombre toro;	— la mujer elefante.

La pasión entre estas personas puede ser intensa, media o escasa. Los besos también se dividen en categorías: simbólico, fugaz, de contacto y profundo. Existen diferentes tipos de abrazo y, naturalmente, diferentes posiciones para la unión sexual.
Estas subdivisiones del acto sexual en todas sus expresiones han sorprendido siempre a los occidentales, que las han considerado meras particiones, cuando en realidad no era esta la intención de Vatsyayana.
Según algunas interpretaciones, Vatsyayana efectúa este tipo de descripción para explorar hasta dónde puede llegar el cuerpo empleando las fantasías de la mente. No es necesario experimentar todas las posiciones propuestas en el *Kama Sutra*. Lo importante es entender que la unión sexual es un juego y que, como tal, ha de involucrar la fantasía de las personas.
Los juegos de amor requieren atención y paciencia. Para que una unión sea satisfactoria deben tenerse en cuenta tres factores fundamentales:

— el tiempo que se necesita para que un juego de amor sea agradable;
— el lugar, que debe ser un marco adecuado para la unión;
— la persona, que debe cumplir unos requisitos determinados para que el abrazo sea satisfactorio.

Una parte importante del libro trata de cómo seducir a una mujer, de cómo caer en gracia a una joven o a una mujer casada que esté insatisfecha con su matrimonio. El autor también da consejos sobre la manera de acercarse a mujeres intocables, como las mujeres de los reyes o de personajes importantes, precisamente porque en el amor no hay límites.
El placer es el fruto de las sensaciones y de las emociones que los amantes son capaces de darse el uno al otro. Y no sólo en el plano físico, puesto que es muy importante que la alegría de vivir invada a las personas. Si no es así, el amor no existe. Es importante que el hombre entienda la psicología de la mujer, que sepa descifrar las señales no verbales para poder observarla mejor, para descubrir sus preferencias y para poder darle el máximo placer posible. En lo que atañe al sexo, en la India hay una igualdad absoluta entre hombres y mujeres. No en vano, el vocablo *sambhoga*, que normalmente se traduce por «unión sexual», en sentido amplio significa «la capacidad de gozar juntos en armonía». La condición indispensable para que la relación sexual sea exitosa es que debe haber reciprocidad.

EL SEXO Y LAS CUATRO EDADES DE LA VIDA

En la cultura hindú la relación sexual se considera un momento importante de la evolución del destino individual, que los hindúes llaman *ashrama*, es decir, las cuatro edades.

• **La primera edad**, *brahmacharya*, empieza al finalizar la infancia, y en ella se concentra el estudio y el aprendizaje de las distintas artes. En este periodo no se aprenden sólo técnicas, conceptos y todo lo necesario para la vida cotidiana, sino que sobre todo se educan las emociones. Tanto a los hombres como a las mujeres se les enseña a apreciar las cosas bellas de la vida, se les educa para expresar sus sentimientos y abrirse a los demás.

• **La segunda edad**, *garhastya*, es el periodo durante el cual el hombre se ocupará de crear la riqueza que necesitará para mantener a la familia, y la mujer, por su parte, terminará su formación específica para poder llevar una casa. En esta segunda etapa de la vida tiene lugar el despertar de la sexualidad típica de la «postadolescencia». En esta fase el hombre debe ser educado en el arte del placer. También es el momento en que se forman las parejas que más tarde se unirán en matrimonio y es, por tanto, el periodo en que, por medio del abrazo cotidiano, los amantes pueden experimentar las fantasías eróticas más ardientes y apasionadas.

Uno de los templos de Khajuraho, en la India central, donde se encuentran las esculturas eróticas de las páginas que vienen a continuación.

• Al alcanzar **la edad madura**, *vanapratsha*, la sexualidad de la pareja se hace más regular. Los cónyuges se conocen desde hace tiempo, han experimentado ya todo lo que es posible conocer, y sus relaciones sexuales, pese a ser regulares, ya no están dictadas por la pasión desenfrenada de la juventud, sino que están dirigidas al conocimiento y a la ampliación de los horizontes interiores.

• **La cuarta** y última etapa de la vida humana, *sannyasa*, en la filosofía hindú prevé la renuncia de todo lo material, y por tanto el sexo también es sublimado. Obviamente las relaciones sexuales pueden continuar, pero al no haber la pasión de la juventud ni el poderoso deseo de procreación de las edades anteriores, la unión de la pareja se convierte en una búsqueda del placer entendido como disolución del yo en la gran energía cósmica.
Muchos consideran que el amor de pareja de esta cuarta etapa de la vida es puramente contemplativo. En realidad, el deseo sigue existiendo y la búsqueda del placer persiste, pero este tipo de relación no tiene un fin concreto, sino que es solamente un contacto que ilumina la personalidad de los esposos y los conduce hacia un estado de gracia interna y espiritual, hacia una actitud interior de liberación de toda preocupación. En este periodo, durante el acto sexual, las personas pueden experimentar el *ananda*, es decir, la felicidad estática que acompaña cualquier experiencia de comunión mística y cósmica. Los individuos abandonan su voluntad y se convierten en parte de la energía cósmica viviendo una experiencia de unión única.

El tantra

Las primeras referencias a la práctica del tantra hicieron su aparición en la India hindú y budista de los primeros siglos de nuestra era, cuando en las provincias mediorientales del Imperio romano surgía el cristianismo. Mircea Eliade, en su estudio titulado *El yoga. Inmortalidad y libertad*, destacó la complejidad del problema de los orígenes y de la evolución del pensamiento tántrico:
«No resulta fácil definir el tantra. Uno de los muchos significados de la palabra *tantra* (raíz *tan*, "extender", "continuar", "multiplicar") tiene para nosotros un interés especial: el de "sucesión, desarrollo, proceso continuo". Tomando esta acepción, *tantra* sería "aquello que extiende el conocimiento" *(tanyate, vistâryate, jñânam anena iti tantram)*. En este mismo sentido sea aplicaba ya el término en algunos sistemas filosóficos (*Nyâya-tantresu*, etc.).
»No sabemos por qué ni en qué circunstancias pasó a dar nombre a un gran movimiento filosófico y religioso que, surgido a finales del siglo IV de nuestra era, se conformó como una moda panhindú a partir del siglo VI.
»De pronto, el tantra se hizo tremendamente popular entre los adeptos a la vida religiosa (ascetas, yoguis, etc.), y su prestigio llegó también a la gente de a pie.

En un periodo de años relativamente corto, la filosofía, el misticismo, los rituales, la ética, la iconografía e incluso la literatura hindúes conocieron la influencia del tantra. Fue un movimiento panhindú en el sentido de que todas las grandes religiones, e incluso "sectas menores", lo asimilaron.
»Cabe distinguir entre un tantra budista y un tantra hindú, movimientos ambos muy importantes.

»El jainismo también aceptó algunos métodos tántricos (nunca los de la "mano izquierda"). También se pueden hallar fuertes influencias tántricas en el sivaísmo del Cachemira, en el gran movimiento Pâñcarâtra (año 550 aprox.), en el Bhâgavata Purâna (año 600 aprox.) y en otras "escuelas devocionales del visnuismo"» (*El yoga. Inmortalidad y libertad,* Florencia, 1980, págs. 200-201).

El acto sexual entendido como fusión con el Todo

En la India, cuando dos personas se aman pierden su carácter individual y pasan a formar una pareja, es decir, otro individuo con una interioridad claramente definida. Este es uno de los motivos por los cuales el sexo se busca en todas las etapas de la vida, ya que esta fusión mística se efectúa a través de la unión sexual.

Cuando dos cuerpos se unen en el acto erótico, siguen siendo distintos, aunque están profundamente entrelazados, pero el alma experimenta la sensación de olvidarse y de prescindir de sí misma, de llegar a la fusión con el otro. Cuando se alcanza el amor profundo, se penetra la realidad.

En la unión sexual, el cuerpo del ser humano amado se disuelve, se funde con el Todo. Por eso es tan difícil abandonarse totalmente al otro. En la unión, el cuerpo desaparece y todo lo físico pasa a ser parte de la energía sexual, que es fundamentalmente energía de renovación. Es la energía que nos ha dado la vida y que todos poseemos en potencia desde que nacemos.

Otras doctrinas sostienen que el sabio debe luchar contra esta energía para poder evolucionar. Los seguidores del tantra consideran que esta energía sexual no debe ser combatida, sino transformada, y se debe convertir en una ayuda. Hay que ser consciente del deseo y no luchar nunca contra él, sino vivirlo plenamente, sin tabúes. La sexualidad ha de ser sana, natural y normal, y no debe estar condicionada en modo alguno por ninguna conducta moral.

La unión sexual como superación de la propia individualidad

El principio básico del tantra es la aceptación total de lo que uno es. Esta es la única vía que nos permite crecer y convertirnos en individuos capaces de utilizar todas las energías que la naturaleza nos ha dado. Conviene vivir en armonía con la sensibilidad de uno mismo, usando el deseo como un vehículo para ir más allá de las apariencias. De este modo, cualquier energía se convertirá en un aliado valioso, este mundo se convertirá en el nirvana, el cuerpo de la persona amada se convertirá en un templo sagrado en el que se entra con una actitud de devoción y respeto. El objetivo de la unión sexual es superar la dualidad y llegar a ser uno, aprender a vivir la dimensión del presente sin recordar el pasado ni preocuparse por el futuro.

Cuando existe un amor profundo, los individuos desaparecen y se convierten en el amor mismo, se olvidan de sus individualidades y se aproximan a la disolución. Por este motivo algunos sabios creen que la persona que posee un yo muy fuerte no puede amar plenamente. Puede ser que este sea el mal que aflige a Occidente: se habla de amor, se canta el amor, se escribe sobre amor, pero no se ama realmente, porque el yo se antepone a todo. El sexo puede transformarse en amor, y el amor en meditación.

El erotismo sagrado

Tal como ya hemos visto, las doctrinas hindú y occidental son antagónicas en lo que se refiere al erotismo. Las distintas formas de espiritualidad occidental temen el sexo, mientras que existe una doctrina filosófica, el tantra, que celebra el erotismo sagrado. Según esta corriente, se puede reconocer y utilizar el deseo sexual con fines espirituales para emanciparse y liberarse. En lugar de negar o de intentar ignorar los impulsos sexuales conviene definirlos como una expresión de la energía divina y, por consiguiente, aceptarlos y honrarlos. El mero deseo carnal impide al ser humano alcanzar la iluminación, mientras que, una vez sacralizado, el erotismo puede liberar espiritualmente de los vínculos de la servidumbre material.
Lo importante es no dejarse dominar por el impulso sexual, sino intentar dominarlo para alcanzar fines espirituales. Según esta filosofía, la energía es la mujer, porque ella es la encarnación de la manifestación de la fuerza cósmica original. El papel del hombre también es importante, aunque aparentemente es pasivo en comparación con la fuerza de la mujer, que encarna en su cuerpo la energía divina. El objetivo de la unión es la realización de una complementariedad. El erotismo sagrado requiere la observación de una práctica, denominada *sadhana*, que debe ser continua y constante. Esta disciplina se dedica a la experimentación concreta de todos los impulsos y los deseos que caracterizan al ser humano, intensificando los instintos en lugar de reprimirlos, de modo que se puedan despertar de nuevo las energías originarias entre las cuales ocupa un lugar muy destacado la energía sexual. Contrariamente a muchas formas de misticismo, en las que el cuerpo se considera la prisión del alma, el erotismo sagrado elogia la carne y devuelve la dignidad a la sexualidad, que había quedado reducida exclusivamente a un goce de los sentidos rápido, insulso y banal.

Despertar la Shakti-Kundalini

Anteriormente hemos visto que Shakti es la energía originaria, la fuerza pura y divina que se encarna en cada mujer. Quien experimenta el erotismo sagrado ha de tener el propósito de despertar y poseer esta energía, que se encuentra dentro y

El código fundamental de la tradición del tantra está contenido en la doctrina de los siete círculos (chakra) *o flores de loto* (padma) *del sistema de la energía Kundalini. Este término se refiere a una serpiente hembra, a una diosa-serpiente, hecha de «materia sutil», que debe imaginarse enrollada en un estado de tedio, adormecida, en el primero de los siete centros sutiles, en la base de la columna vertebral. La finalidad del tantra yoga es volver a despertar a esta diosa-serpiente, hacer que levante la cabeza y remonte por un canal, o nervio sutil, que recorre la columna vertebral, hasta llegar al centro denominado «loto de los mil pétalos»* (sahasrara) *en el vértice de la cabeza. El canal axial, que tiene el nombre de* sushumna *(«rico en felicidad y muy bendecido»), está flanqueado y atravesado por otros dos. Uno, el blanco, llamado ida (que significa «refresco, libación»), sube serpenteando desde el testículo izquierdo al orificio nasal derecho y se asocia con las energías frescas, lunares de la psique. El segundo, el rojo, llamado* pingala *(«de color solar, moreno leonado»), sube desde el testículo derecho hasta el orificio nasal izquierdo y su energía es solar, llena de fuego.*
La primera tarea del yogui es reunir las energías de esas dos fuerzas opuestas en la base del canal sushumna, *y luego hacer que asciendan por el eje central, transportadas por el estiramiento y la ascensión de la reina-serpiente. Kundalini, subiendo desde el loto más bajo hasta el más alto, atraviesa los cinco ejes intermedios* (chakra), *y los despierta. Y el despertar da lugar a transformaciones fundamentales en la psicología y la personalidad del adepto.*

fuera del ser humano. En efecto, Shakti existe en el interior del cuerpo en potencia, y debe ser despertada. Los textos antiguos que tratan sobre erotismo sagrado sitúan la Shakti en la parte inferior de la columna vertebral, entre los órganos genitales y la región anal, y la representan simbólicamente con la forma de una serpiente femenina enrollada tres veces y media sobre sí misma (Kundalini).

Las dos vías

El despertar de la Kundalini puede producirse de dos maneras totalmente opuestas:

- la vía de la mano derecha;
- la vía de la mano izquierda.

Practican la vía de la mano derecha las personas que desean despertar esta fuerza con la meditación y la práctica del yoga, pero negando totalmente la relación sexual. Por el contrario, practican la vía de la mano izquierda aquellas personas que desean dominar esta energía después de haberla despertado mediante la relación sexual con una pareja de sexo contrario. Según ellas, este es el único modo de alcanzar la plena libertad de tomar todo lo que nos brinda el mundo y de apartarse por propia elección.
Sin embargo, el practicante de la vía de la mano izquierda no es una persona común que mantiene una relación sexual con su pareja con el objetivo de obtener solamente el placer de los sentidos. Este tipo de unión es ritual y tiene como objetivo la liberación espiritual y la iluminación de los adeptos.

Lo más importante es entender que todas las pasiones y todos los deseos devoradores han de ser aceptados como lo que son, y no rechazados y mucho menos negados, ya que de hacerlo su fuerza aumenta hasta hacernos enloquecer. El erotismo sagrado usa las pasiones en lugar de prescindir de ellas y reprimirlas.

Los rituales de la unión sagrada

Shakti se encarna solamente en algunas mujeres, que se consideran elegidas y tienen la capacidad de salvar al hombre de los lazos que le retienen preso y darle la libertad. Para ello es necesario saber reconocer a la mujer tántrica, enseñarle algunas técnicas corporales y rituales que pueden transformar su feminidad individual en una fuerza divina. Hay que prepararse meticulosamente antes de poder celebrar una unión sagrada: la mujer debe ser masajeada con aceites perfumados. Estos perfumes han de despertar los sentidos y abrir el *chakra,* predisponiéndolo para el paso de la energía. A continuación, el hombre traza unos signos propiciatorios en el cuerpo de la mujer y se tumba quedándose totalmente inmóvil, a la espera de que ella lo excite con besos, abrazos y caricias. Una característica que siempre causa estupor a los occidentales es el hecho de que el hombre no llegue al orgasmo, sino que retenga la eyaculación: «El *bindu* [el semen del hombre] que está a punto de ser vertido en la mujer tiene que ser obligado a volver a subir con un esfuerzo extremo; el *yogin* [el que practica la unión sexual sagrada] que retiene el líquido seminal vence de este modo a la muerte; el *bindu* retenido lleva la vida» (*Hathayoga Pradalipika,* textos sagrados hindúes). La retención del esperma no puede ser realizada por todos los hombres, porque el cuerpo ha de ser entrenado para este fatigoso ejercicio. El goce que el hombre experimenta en la retención del semen, que es parecido a una implosión, recibe el nombre de *samarasa*. Este término indica no solamente la inmovilización del semen, sino también la detención de la respiración y del pensamiento, que sirven para purificar a la persona de los condicionantes y abren el *chakra* situado en la parte superior de la cabeza, que es el que hace posible la iluminación.

Los tres objetivos de la vida: *dharma, artha y kama*

Vatsyayana empieza su libro con estas palabras: «Al principio, el señor de los seres creó a los hombres y a las mujeres, y, en forma de leyes, estipuló en cien mil capítulos las reglas de su existencia en relación con *dharma, artha* y *kama*».

• *Dharma* es la conquista de las virtudes, que se obtiene obedeciendo las órdenes de las sagradas escrituras; incluye la ejecución de rituales y sacrificios, y algunas renuncias importantes como, por ejemplo, comer carne.

• *Artha* es la conquista de los bienes temporales y materiales: la adquisición de dinero, ganado, tierras, riquezas, una casa, objetos preciosos, etc. Requiere también la protección de todo lo que ya ha sido adquirido y el esfuerzo continuo de aumentar las pertenencias.

• *Kama* es el amor, el goce, la conciencia del placer que se logra mediante los cinco sentidos. Los placeres son necesarios tanto para el cuerpo como para el espíritu, ya que son la fuente de bienestar que invade a las personas, si bien es necesario gozar con moderación.

Cada una de estas tres artes se cultiva de manera que no se pierde nunca el equilibrio entre ellas. No se puede privilegiar una sola en detrimento de las otras, ya que si se hiciera, se perdería la armonía interior.
Cuando el individuo es joven ha de estudiar y prepararse dignamente para las edades futuras. Durante este periodo deberá llevar una vida muy contenida, casi ascética; cuando sea un hombre se ocupará del *artha* y del *kama*, y cuando llegue a anciano intentará conquistar el *dharma* y prepararse para el momento de la muerte.

La mujer y las artes del *kama*

Mientras que los hombres deben adquirir las habilidades necesarias para el *kama*, el *dharma* y el *artha*, las mujeres han de estudiar solamente las artes del *kama* y adquirir las 64 habilidades importantes para ser buenas esposas, amantes y compañeras. «Una mujer debe aprender los *kama shastra* [los preceptos del *kama*], o por lo menos una parte, y experimentarlos bajo la dirección de una amiga íntima. Ella deberá estudiar sola, en sus aposentos, [...] su institutriz será una de las personas siguientes: la hija de la nodriza que habrá crecido junto a ella y que esté ya casada, una amiga digna de toda confianza, la hermana de su madre, es decir, la tía materna, una criada anciana, una mendiga que haya vivido anteriormente con la familia, o la propia hermana, a la que siempre podrá confiarse.»

Es importante que la joven pueda contar siempre con esta guía más experta, que pueda enseñarle directamente las 64 artes que una mujer ha de conocer.

Muchos imaginan que estas artes tienen que ver con las relaciones sexuales y están ligadas estrechamente con el abrazo, pero no es así. En el mundo hindú, el *kama* abarca una gran variedad de expresiones del espíritu y de la creatividad que aparentemente no guardan relación alguna con la sexualidad.

Resulta sorprendente para la mentalidad occidental que la ingeniería, la arquitectura, la aritmética y la lingüística estén consideradas disciplinas fundamentales que permiten disfrutar de una vida más llena y verdadera, desde la perspectiva del placer.

El autor del *Kama Sutra* considera que el conocimiento de estas artes (aunque naturalmente es difícil dominarlas todas) hace que una mujer sea extraordinariamente valiosa, tanto si se trata de una mujer pública, que ha de ser respetada por sus características por todo el mundo, incluso por el rey y los poderosos, como si se trata de la hija de una persona importante, que de este modo, con estos conocimientos, podrá aspirar a un matrimonio prestigioso. Por otro lado, Vatsyayana añade que una mujer que tenga un buen conocimiento de estas artes, en caso de separación o viudedad podrá ganarse la vida y no conocerá la miseria y la privación.

Los hombres también deberían conocer estas artes, al menos en parte, porque ello los convierte en ciudadanos educados y elegantes, cultos y afables, capaces de conquistar a cualquier mujer con su personalidad y con su sabiduría.

LAS 64 ARTES

1. *El canto;*
2. *la música instrumental;*
3. *la danza;*
4. *la unión del canto, de la danza y de la música instrumental;*
5. *la escritura y el dibujo;*
6. *el tatuaje;*
7. *vestimenta y decoración de un ídolo con plantas de arroz y flores;*
8. *la disposición y la preparación de los lechos de flores; es decir, el arte de cubrir el suelo con flores;*
9. *la coloración de los dientes, de los vestidos, del pelo, de las uñas y del cuerpo; dicho de otro modo, cómo teñirlos y pintarlos;*
10. *decoración artística de pisos con cristales de colores;*
11. *el arte de hacer las camas y de planchar las sábanas y las almohadas para descansar;*
12. *el juego de los vasos armónicos llenos de agua;*
13. *la conducción y la recogida del agua en los acueductos, en las cisternas y en los depósitos;*
14. *la pintura y la decoración;*
15. *la elaboración de rosarios, collares, guirnaldas y coronas;*
16. *la confección de turbantes y de sombreros, de los penachos y de las guarniciones florales;*
17. *el arte teatral;*
18. *la confección de pendientes;*
19. *la preparación de perfumes;*
20. *la disposición hábil y decorativa de joyas y el arte de saber vestirse;*
21. *la magia;*
22. *la agilidad o habilidad de la mano;*

23. *el arte culinario;*

24. *la preparación de limonadas, helados, refrescos y bebidas alcohólicas;*

25. *el arte de cortar telas y coserlas;*

26. *la confección de flores, penachos, guirnaldas, nudos, etc. con lana o hilo;*

27. *la solución de enigmas, logogrifos, palabras con doble significado, juegos de palabras y problemas místicos;*

28. *el juego de enlazar versos: cuando una persona ha acabado, la otra debe continuar inmediatamente con otro verso cuya primera letra ha de ser igual a la última del verso anterior; aquél que no es capaz de decir su verso pierde y debe pagar el apunte estipulado;*

29. *el arte del mimo o de la imitación;*

30. *la lectura, incluidos el canto y la recitación;*

31. *el estudio de frases difíciles de pronunciar; este ejercicio es una diversión para mujeres y jóvenes. Suele ocurrir que si la frase difícil se repite rápidamente, las palabras se pronuncian mal. De hecho, se trata de aprender a decir bien los trabalenguas;*

32. *el ejercicio de la espada, del bastón, del bastón de defensa, del arco y de las flechas;*

33. *el arte de razonar y de sacar conclusiones;*

34. *los trabajos con madera o el arte de la carpintería;*

35. *la arquitectura o el arte de construir;*

36. *el conocimiento de las monedas de oro y de plata, de las joyas y de las piedras preciosas;*

37. *la química y la mineralogía;*

38. *los reflejos del color de las piedras preciosas, de las joyas y de las perlas;*

39. *el conocimiento de las minas y de las canteras;*

40. *el arte de la jardinería;*

41. *el arte de curar las enfermedades de los árboles y de las plantas en general, el de saber mantenerlos sanos y el de saber determinar su edad;*

42. *el desarrollo de las peleas de gallos, codornices y carneros;*

43. *el arte de enseñar a hablar a loros y estorninos;*

44. *el arte de aplicar ungüentos y perfumes en el cuerpo, de impregnar el pelo con esencias y perfumes y de recogerlo en trenzas;*
45. *el arte de descifrar las escrituras privadas y las escrituras en diferentes caracteres;*
46. *el arte de hablar cambiando la forma de las palabras. Este juego se hace de varias maneras: intercambiando el principio de las palabras con el final o añadiendo letras que no tienen nada que ver entre las sílabas de una palabra;*
47. *el conocimiento de los idiomas y de los dialectos;*
48. *el arte de preparar los carros con flores;*
49. *el arte de dibujar diagramas místicos o de preparar encantamientos y de trenzar brazaletes;*
50. *los ejercicios del espíritu, como completar versos o estrofas inacabadas, o crear una o más líneas a partir de otras líneas tomadas al azar de diferentes versículos, de manera que la composición resultante sea un verso completo que tenga un significado, o también ordenar las palabras de un verso que ha sido escrito de manera incorrecta y separar las vocales de las consonantes, y finalmente traducir a prosa los versos de estrofas que pueden ser sustituidas con signos o símbolos;*
51. *la composición de poemas;*
52. *el conocimiento de vocabulario;*
53. *el arte de cambiar y de encubrir el aspecto de una persona;*
54. *el arte de cambiar la apariencia de las cosas, como por ejemplo hacer creer que el algodón es seda, o de hacer que objetos comunes y vulgares parezcan objetos refinados y raros;*
55. *los diferentes tipos de apuestas;*
56. *el arte de conquistar las propiedades ajenas por medio de los encantamientos;*
57. *la agilidad en los ejercicios de gimnasia;*
58. *el conocimiento de los usos de sociedad y el arte de obsequiar y de hacer cumplidos;*
59. *el arte de las armas y de la guerra;*
60. *el arte de adivinar el carácter del hombre por la fisonomía;*
61. *el arte de hacer o escandir versos;*
62. *las recreaciones aritméticas;*
63. *la elaboración de las flores artificiales;*
64. *la elaboración de figuras e imágenes con arcilla.*

El mundo masculino

Ya hemos visto que la primera parte de la vida del hombre ha de estar dedicada al estudio, para aprender, si no todas, por lo menos alguna de las 64 artes. Una vez aprendidas las nociones fundamentales, un hombre ha de dedicarse a la obtención de riqueza mediante conquistas, negocios, herencias, etc. Alcanzada una «buena posición social», el hombre debe casarse, formar una familia y ser padre, y ser en todo y por todo un buen súbdito y un buen ciudadano.

Lo primero que el hombre debe hacer es tener una casa para él, en la ciudad o en un pueblo. Es importante que la compre o la construya en un lugar frecuentado por gentes de bien, a ser posible cerca de un curso de agua, y debe tener unas dimensiones suficientes que le permitan disponer de estancias para distintos usos. La casa ideal ha de tener un jardín y debe estar dividida en dos grandes zonas, una interior y otra exterior. La parte interior está reservada a las mujeres, y en ella debe haber una cama preciosa, muy cómoda, con baldaquino y almohadas para la cabeza y para los pies, armario para guardar ungüentos perfumados y ropa, vasos de esencias y cortezas. Otros complementos fundamentales son las cajas decoradas, una mesa de dibujo, libros, tarros con perfumes, guirnaldas de flores, mesas de juego y taburetes. En el exterior debería haber pajareras con codornices, perdices, loros y estorninos, y rincones dedicados a trabajos manuales como hilar y esculpir la madera. En el jardín es conveniente que haya columpios, una pérgola con plantas trepadoras cubierta de flores, y un rincón con algunas sillas para descansar.

La vida del padre de familia ha de estar regida por las costumbres sanas: se debe levantar de buena mañana, realizar todas las funciones naturales, lavarse los dientes, perfumarse el cuerpo con ungüento, ponerse colirio en los ojos, que deben embellecerse con un poco de *kajal*, colorearse los labios con una especie de laca y peinarse. Antes de empezar el trabajo comerá unas hojas de betel u otras plantas que puedan perfumar el aliento. Después de estos preparativos, irá a trabajar y se ocupará de sus asuntos.

El hombre debe tomar un buen baño cada día. Cada dos días se debe untar el cuerpo con aceite, cada tres días se debe aplicar una espuma purificadora, cada cuatro afeitarse la cabeza y el rostro, y cada cinco se hará rasurar las otras partes del cuerpo cubiertas de pelo.

El hombre ha de tomar tres comidas al día: una por la mañana, una por la tarde y otra por la noche.

Después de desayunar, el hombre se debe ocupar de enseñar a hablar a los pájaros que tiene en los voladeros; luego podrá asistir a la pelea de gallos, codornices y carneros, y en verano, hacia el mediodía, podrá descansar un rato. La tarde está destinada a la conversación con los amigos. Por la noche, el hombre, siempre que sea posible en compañía de un amigo, recibirá en su

En la cultura hindú, la mujer vive predominantemente en casa, y se ocupa de la familia y del marido. En esta miniatura ve en un espejo su imagen reflejada junto a la de su amado. En la parte superior, una escena de interior. Museo Guimet, París (© fotografía de RMN/Arnaudet)

habitación bien perfumada y decorada con flores frescas y guirnaldas a la mujer que ama, con quien conversarán el dueño de la casa y el amigo.
El jefe de la familia tiene que participar en las fiestas en honor de las divinidades, en las reuniones de sociedad, en las comidas al aire libre y en las diversiones con personas de su misma casta. Es normal que un hombre converse con mujeres públicas o cortesanas. Conviene precisar que este tipo de mujeres son muy parecidas a las *etere* de la Grecia antigua: eran personas aptas para la sociedad de los hombres, instruidas, educadas y muy inteligentes, que animaban las ocasiones en las que no se admitía la asistencia de madres de familia. Las mujeres casadas no pueden participar en estas reuniones de sociedad para no perder o perjudicar su reputación. Las mujeres públicas a menudo invitan a sus casas a los hombres para tomar licores fermentados o bebidas y charlar tranquilamente, inventar versos y recitar poemas. Incluso en los viajes cortos, el padre de familia no debe ir nunca en compañía de la esposa legítima, sino que se hará acompañar por las mujeres públicas en los jardines y en los parques, en donde podrá asistir a espectáculos de prestidigitación, peleas de animales, podrá recoger flores y nadar en lagos en los que esté autorizado el baño. Otras diversiones que puede permitirse el padre de familia son: pasar la noche jugando a dados, pasear bajo la luna, adornarse con flores, recolectar plantas, etc. En estas actividades también pueden participar las cortesanas y los amigos. Se sobreentiende que todos ellos han de pertenecer a su misma casta y han de tener un buen trato.

El mundo femenino

Vatsyayana considera que existen varios tipos de mujeres: aquellas con las que se puede gozar sin pecar, y aquellas con las que no es en absoluto conveniente gozar. Los hombres deberían frecuentar mujeres de su misma casta, con las que pueden contraer matrimonio. En cambio, está prohibido unirse con mujeres de casta más alta. Si el único objetivo es obtener placer, se puede practicar el *kama* con mujeres de casta inferior o alejadas de su propia casta, con mujeres públicas, con las que han abandonado al marido y viven con otro hombre *more uxorio.*
Estas mujeres reciben el nombre de *nayika*, y son las mujeres con las que se puede gozar sin pecar. Pueden ser solteras, juntadas y mujeres públicas. Por el contrario, hay que abstenerse de acostarse con mujeres de mal carácter, lunáticas, leprosas, las que hayan sido expulsadas de su casta y deshonradas públicamente, que no sepan guardar un secreto, mujeres extremadamente blancas o extremadamente negras, que tengan un parentesco próximo, amigas, mujeres que emanen olor desagradable o que lleven una vida ascética.
También está prohibida la esposa de un familiar, de un amigo, de un brahmán o del rey.

El cortejo de la mujer antes del matrimonio

El cortejo de una joven antes del matrimonio está regulado por una serie de normas minuciosas. Vatsyayana afirma que el hombre que ama a una doncella debe pasar mucho tiempo con ella, procurando divertirla, proponiéndole siempre juegos, llevándola a coger flores e invitando a los amigos a jugar al escondite y otros entretenimientos. Él debe respetar a la hija de la nodriza y a su mejor amiga, debe regalarle cosas que ella desea, como jaulas con pájaros, macetas con plantas, utensilios para cocer alimentos, ungüentos perfumados, pequeños objetos de madera, etc.
En la fase de cortejo, el hombre ha de cuidar mucho su aspecto físico, llevar vestidos elegantes y procurar mostrarse lo más atractivo posible.
Según el autor del *Kama Sutra* hay unas señales inequívocas que muestran que una doncella se ha enamorado: no mira nunca al hombre a la cara, se sonroja cuando se siente observada, exhibe los brazos y los hombros desnudos, se muestra a gusto estando en su compañía, se confía a amigos suyos, evita que él la vea cuando no va bien vestida y sin maquillar, y lleva siempre algún objeto que él le ha regalado.
Cuando el hombre observa que la muchacha se ha enamorado de él, tiene que intentar conquistarla, dándole la mano con intención, abrazarla en cuanto se presenta la menor ocasión, mostrarle una pareja de figuritas talladas en una hoja de árbol, nadar cerca de ella cuando se encuentran en la piscina, describirle los tormentos que sufre a causa de su lejanía, buscar el contacto con un pretexto cualquiera y expresarle su amor más con gestos que con palabras. Cuando el hombre se dé cuenta de que la chica está completamente enamorada de él, entonces podrá empezar a gozar de ella.

El matrimonio

El objetivo principal de la vida de una mujer es el matrimonio, al que debe llegar virgen. Si se casa con un hombre de su casta, la mujer conquistará *dharma* y *artha*, estará bendecida con una prole numerosa, contará con la aceptación de todos los parientes y verá crecer el número de amigos. Según Vatsyayana, la muchacha ideal para un matrimonio feliz debe ser de buena familia, sus padres tienen que estar vivos y no debe tener una edad inferior a tres años menos que el marido. Tiene que ser rica y tener muchos amigos, porque estos son la garantía de su buen carácter. Debe ser atractiva, gozar de buena salud, estar bien proporcionada y poseer una importante dote. Es muy importante que sea virgen, ya que una mujer que ya ha estado con otro hombre puede sembrar el descrédito en la familia del esposo.
En la India, el matrimonio es bastante complejo y requiere la intervención de numerosas personas, que tienen la función de describir y ensalzar ante ella y su familia los méritos y la riqueza del esposo y de denigrar a otros posibles pretendientes.

Representación de yoni *y* lingam *en el interior de un templo*

Por otro lado, la familia del hombre debe asegurarse de que la chica no esté comprometida con otro, duerma poco, llore poco, no salga sola de casa y no tenga defectos físicos.
Cuando una mujer llega a la edad del matrimonio, los parientes deben prestar un cuidado especial en su forma de vestir, y llevarla, bien escoltada, a un lugar en donde pueda ser admirada y tenga la posibilidad de encontrar algún pretendiente. Una vez que el padre ha encontrado un hombre a la altura de su hija, se fija la fecha del matrimonio. Es inmoral que un hombre se comporte como el amo de su esposa, como también lo es que tenga que servirla y reverenciarla en todo. Un buen matrimonio consiste en la igualdad entre el hombre y la mujer, y el respeto en igual medida a los familiares, tanto de él como de ella.
Después de haber celebrado el rito del matrimonio, el hombre y la mujer tienen que dormir en el suelo tres días y abstenerse de placeres sexuales. Los siete días siguientes sólo pueden bañarse juntos en el estanque del jardín, oír música, cenar y visitar a los parientes y los amigos que han participado en la boda.
A partir del décimo día, el hombre puede empezar a aproximarse a la virgen para realizar la unión. Vatsyayana afirma que «las mujeres, por su dulzura natural, quieren ser tomadas con dulzura; si se las obliga a sufrir el asalto brutal de un hombre que apenas conocen, muchas veces les queda el disgusto por la unión sexual y quizá por el sexo masculino en general. Por esta razón, el hombre ha de realizar la aproximación a su joven esposa con todos los miramientos que ella desea, y usar todos los medios posibles para inspirarle la máxima confianza».
Puede darse el caso de que una mujer se haya casado a la fuerza con un hombre muy rico o mucho mayor que ella, o que tenga más de una esposa. Entonces, es prácticamente seguro que no se encariñará nunca con él, porque una mujer ama a un hombre solo y quiere sentir que es la única que ocupa su corazón, no acepta rivales y, por tanto, si se casa con un hombre rico lo hace por su riqueza y no por amor.

Cortejo de la mujer después del matrimonio

El proceso que sigue el cortejo de la esposa virgen generalmente es lento y gradual: el hombre debe abrazar a la mujer en la oscuridad, a menos que ya la conozca muy bien, y durante poco tiempo. Más adelante puede besarla en la boca y pedirle que le diga si lo ama y si le atrae.
Después de esta etapa, el hombre puede tocar los senos y acariciar todo el cuerpo de la joven esposa, sentarla sobre sus rodillas y bromear con ella. El paso siguiente es acariciar todo el cuerpo de la muchacha, tocándole las partes íntimas, pero sin unirse carnalmente con ella. Mientras lleva a cabo estas acciones, el hombre ha de prometer a la mujer que le será siempre fiel y que no tendrá contactos con ninguna rival. Una vez pasadas todas estas fases, el hombre podrá poseer a la joven esposa. Es fundamental que el hombre se gane el amor y la estimación de la mujer con quien se ha casado.

La seducción del hombre

La mujer también puede utilizar una serie de astucias para seducir al hombre que desea, sobre todo si tiene educación y buenas cualidades, pero no posee una gran dote o procede de una familia de casta inferior a la del hombre. Para conquistar al hombre amado deberá utilizar todos los recursos posibles, propiciando ocasiones para el encuentro, si es posible a solas, mostrándole su habilidad en la práctica de las artes, pero sin ofrecerse a él impúdicamente ni intentar las primeras aproximaciones, para no correr el riesgo de ser despreciada y rechazada. Si el hombre intenta poseerla rápidamente, ella se dejará abrazar pero no se dejará besar, y si le pregunta si puede poseerla sólo le dejará tocar sus partes secretas, intentando no ceder nunca y resistir sus avances. Cuando ella esté segura de que él la ama y tenga pruebas de la devoción de su amante, entonces podrá acceder a la relación sexual.

Los deberes de la buena esposa

Según Vatsyayana «una mujer virtuosa, que quiere a su marido, debe acatar sus deseos, como si de un ser divino se tratara». Las obligaciones de una buena esposa son básicamente cuidar de toda la familia, tener la casa en orden, poner flores en las habitaciones, limpiar y dar brillo a los suelos. También debe ocuparse del jardín, preparar las sustancias necesarias para los sacrificios ofrecidos a los dioses domésticos, plantar verduras, como legumbres, perejil, hinojo, calabazas, y otras hortalizas en el huerto de casa, cultivar flores, como por ejemplo jazmines, amarantos, rosas, conservar limpio el pozo y el estanque del jardín. Además, ha de evitar la compañía de mendigos, adivinas, hechiceras y mujeres públicas.

Al preparar las comidas, debe tener en cuenta los gustos y las preferencias del marido, así como los ingredientes que pueden perjudicar su salud. Apenas oiga los pasos del esposo que vuelve a casa ha de dirigirse a él mostrándose dispuesta a obedecerle, tendrá que ordenar a los criados que le laven los pies o lavárselos ella misma.

Debe cuidar de su propia persona y vestirse cuidando todos los detalles cada vez que salga con él. No debe salir nunca sin el permiso del marido, ni tan siquiera para visitar los templos de los dioses, estar con las amigas o asistir a sacrificios. Tiene que sentarse siempre después del hombre y levantarse antes, y no despertarlo cuando duerme.

Normalmente, la cocina está situada en un parte bastante oculta de la casa, de modo que ningún extraño puede entrar. La buena esposa debe encargarse de que siempre esté limpia y ordenada. En caso de que el marido se comporte incorrectamente con ella, nunca debe insultarlo, sino reñirlo con palabras comedidas.

Debe evitar las charlas, no detenerse en lugares solitarios e intentar ir siempre aseada y elegante. Asimismo, tiene que encontrar los mejores precios para las compras domésticas y debe guardar los productos en un lugar seguro de la casa. Nunca hay que confiar a los extraños las ganancias del marido ni contar a otros los secretos de su esposo. Debe hacer la mantequilla con toda la leche que sobra y preparar en casa tanto el aceite como el azúcar, debe trenzar cuerdas y confeccionar esteras y cestas, tiene que descascarillar el arroz, pagar al servicio, vigilar los cultivos de los campos, cuidar de todos los animales, supervisar las compras y las ventas, atender a los amigos del marido y dispensar el mejor trato posible a los suegros. De esta manera, la mujer puede conquistar *dharma, artha* y *kama*, y asegurarse el amor de su esposo.

Si la mujer no consigue darle hijos a su esposo, ella misma debe aconsejarle que se case con otra mujer, a quien ella considerará como una hermana, ayudará a vestirse y de quien no estará celosa. Tratará a los hijos de la segunda mujer como si fueran suyos, respetará a los familiares y será muy amable con los amigos.

La esposa más joven debe considerar a la mayor como si fuera su madre, debe informarle de todo lo que tiene que ver con el funcionamiento de la casa, no contará ninguno de los secretos que le haya confiado y, en general, ha de tener el máximo respeto por la que ha llegado antes que ella.

Los deberes de la cortesana

Cortesanas son aquellas mujeres que mantienen relaciones sexuales con hombres no por amor sino para ganar dinero. Sin embargo, los hombres no han de tener la impresión de que estas mujeres están con ellos solamente con finalidades económicas, y ellas, por su parte, tienen que fingir amarlos.

Existen varios tipos de cortesanas. Las de rango bajo, en la India y en varios países orientales, están en la ventana o en la puerta de casa, bien vestidas. No han de ponerse excesivamente en evidencia, pero los transeúntes han de poder verlas. Este tipo de mujer debe saber que es solamente un objeto expuesto a la venta. Las mujeres de la calle deben tener amistades con algunos hombres que puedan ayudarlas, procurarles nuevos clientes y protegerlas. Algunos de estos hombres son: policías, hombres poderosos, intermediarios, barberos, vendedores de flores y de perfumes.

Para ganar dinero, las cortesanas pueden relacionarse con hombres que tengan renta propia, jóvenes solteros, hombres sin vínculos, hombres que estén al servicio del rey, hombres vanidosos, hijos únicos de padres ricos. Siempre por su propio interés, la cortesana debe procurar instaurar una relación duradera con hombres que la puedan mantener, que son: los poderosos y los ricos, los amantes de la vida social y los que son especialmente proclives a la unión sexual.

Las características que debe tener una mujer para poder encontrar a un hombre que la mantenga son: belleza, gusto por las cosas bellas, placer por la unión sexual, carácter firme pero dulce, deseo de vivir experiencias nuevas, buenas maneras, falta de avaricia y conocimiento de las 64 artes.

Vatsyayana cree que algunos hombres deben ser evitados incluso por las mujeres de rango bajo. Estos son: los tísicos, los que tienen mal aliento, los avaros, los ladrones, los que han amado mucho a su mujer, los excesivamente púdicos, los sospechosos, los necios y los brujos.

Las cortesanas de rango alto no deben unirse inmediatamente con un hombre cuando este les hace la proposición, ya que Vatsyayana sostiene que los hombres tienden a despreciar todo lo que obtienen con facilidad. La mujer ha de servirse de intermediarios y confidentes para saber si está bien dispuesto, si es generoso, puro, etc. Una vez averiguadas las características del futuro amante, el intermediario acompañará al hombre a su casa con el pretexto de asistir a una pelea de animales o a un espectáculo, e invitará también a la mujer, que le divertirá contándole historias, tocando y cantando para él y ofreciéndole un pequeño regalo. En la siguiente ocasión, el hombre se presentará en casa de la cortesana, que le ofrecerá hojas de betel, ungüentos perfumados y flores. En el transcurso de las agradables conversaciones, ella le dará a entender su gran experiencia en materia amorosa y, a partir de entonces, permitirá que el hombre la posea, cambiando técnicas cada vez para procurarle placer.

Según cuenta Vatsyayana, una cortesana puede ser pagada de dos modos: con medios legales y naturales o bien con artificios. Con la segunda opción se puede obtener el doble de lo que el hombre tiene pensado. En efecto, la cortesana ha de pedir a su amante dinero para comprar objetos, comida, bebidas, flores, perfumes, recordándole cuánto le hace gozar. También debe contarle lo que reciben las otras cortesanas de sus amantes y destacar la generosidad de sus rivales. Las cortesanas que cobran sólo por los servicios sexuales y que pueden ganar grandes sumas gracias a los muchos clientes con los que trata a diario no deben unirse con un amante concreto. En cambio, la que se relaciona con un solo hombre debe intentar obtener un gran beneficio que cubra todas sus necesidades.

Las cortesanas han de ser muy hábiles en el arte de satisfacer sexualmente a un hombre, no han de amar con excesivo amor, ni tampoco pecar de orgullo, ni encolerizarse si los amantes la dejan, ni relacionarse con otros hombres cuando tienen uno que las mantiene para no arriesgarse a perder el afecto del hombre y el sustento que recibe de él, ni tampoco enamorarse de un hombre avaro o ingrato.

El origen de las representaciones eróticas

En el inicio del II milenio a. de C., hubo importantes cambios climáticos que provocaron migraciones de poblaciones arias procedentes de Asia central a la India y a Europa. La influencia de estas migraciones dio lugar a cambios profundos en las culturas y en las religiones de los pobladores autóctonos. La civilización que hasta entonces ocupaba la zona que va desde la India hasta Europa occidental todavía presenta algunos misterios, y lo que nosotros conocemos de ella es lo que nos ha llegado mediante algunos hallazgos arqueológicos y a través de las pocas informaciones que se pueden extraer de los mitos.

El sivaísmo

La forma religiosa de esta cultura, que fue el origen de todas las civilizaciones que la siguieron, era el sivaísmo, nacido probablemente alrededor del año 6.000 a. de C.; la India es el único lugar en el que esta religión ha llegado ininterrumpidamente hasta nuestros días.
La característica principal de este culto es la adoración al principio vital simbolizado por el falo. Los mitos y los ritos de esta religión influyen en las culturas siguientes, e incluso en cultos aparentemente lejanos, como el dionisiaco, el culto de Osiris, etc.
Los aspectos fundamentales del sivaísmo son:

- el culto al falo, considerado como fuente de la vida;
- la adoración de la unión de los opuestos en el acto sexual;
- la utilización con fines sagrados del goce erótico, considerado símbolo de la bondad divina.

Los textos hinduistas antiguos que explican los orígenes de esta religión, los *Purana*, insisten en el principio según el cual quien venera el falo y honra la vida sexual será favorecido por los dioses, mientras que quien rechaza la sexualidad y la desprecia será aniquilado por la fuerza del dios. La única esperanza de supervivencia para el hombre es el esfuerzo que debe realizar para liberarse de su propia sexualidad. En efecto, el hombre ha de buscar la felicidad, la alegría y el placer, evitar las guerras, la represión de la mujer y de la sexualidad, y la hipocresía. La era de los conflictos y de las guerras recibe el nombre de *Kalí Yuga*, y en este periodo los adeptos al culto de Siva, a través de la unión sexual, son los únicos que pueden salvar el mundo de la destrucción. Hacia el siglo VII d. de C., esta religión conoció mejor suerte, después de un periodo de persecución por parte de brahmanes y budistas, que continuó hasta la invasión musulmana del siglo XIII. En este periodo de tiempo, el renovado movimiento de fe popular es el origen de la construcción de una gran cantidad de templos bellísimos, algunos de ellos situados en las ciudades, otros ocultos en la vegetación. Estos últimos son los que se han conservado casi intactos, mientras que los primeros fueron destruidos por la iconoclasia musulmana.

La importancia de la unión sexual

La unión sexual está considerada un medio para realizar un contacto entre el yo y lo divino, y es, por tanto, un instrumento para el continuo perfeccionamiento interior. El culto de la diosa atribuye el origen del mundo a un principio femenino (Shakti) y tiende a utilizar el erotismo como instrumento de perfeccionamiento del ser humano, como medio de desarrollo de sus capacidades. Esto se expone en numerosas obras, generalmente iniciáticas y secretas (tantra). Desde un punto de vista iconográfico, la imagen que se encuentra en todos los santuarios de Siva está compuesta por tres elementos: un altar de forma cúbica sobre el cual hay una *yoni*, que se utiliza de recipiente para el agua bautismal, y en cuyo centro se encuentra el falo en erección, esculpido en una piedra que se encuentra exactamente dentro del altar. La parte del falo que atraviesa la *yoni* tiene forma octogonal. En cambio, la que se alza por encima del altar es cilíndrica y está rodeada por una serpiente que acaricia la punta con su lengua bífida. El altar es la imagen del mundo nacido de la unión del falo, fuente de la vida y del intelecto, y la vulva, símbolo de la energía cósmica.
La energía de la semilla que se vierte en el órgano femenino origina la vida. Si se reabsorbe con la ausencia de eyaculación, sirve de alimento para la mente. En efecto, la energía sube por unos finos canales situados al lado de la columna vertebral. Por medio de las técnicas de retención del semen, la energía sexual (la Kundalini, adormecida en la base de la columna vertebral) se despierta, asciende hasta el vértice de la cabeza como una columna de fuego y lleva a la iluminación y al mundo celeste.

Las decoraciones eróticas en los templos hindúes

Las principales representaciones eróticas que aparecen en los templos hindúes, inspiradas en tratados eróticos como el *Kama Sutra*, datan del periodo medieval

Según los preceptos del Kama Sutra, *el canto, la danza y la música son algunas de las artes que la mujer debe conocer. En esta miniatura, una fiesta en honor de Krishna y Radha. Museo Guimet, París (© fotografía de RMN/Arnaudet)*

El tema principal de las representaciones de los templos hindúes es el dios Siva, un joven y atractivo dios desnudo, capaz de seducir a cualquiera, incluso a los ascetas. Este dios canta, toca el tambor y baila, creando la armonía que hace crecer el mundo. Tiene el miembro en erección constantemente, y crea las plantas, los metales y las piedras preciosas. Esta imagen del dios que baila se encuentra siempre sobre el tejadillo de la entrada del santuario. Se le representa unido a su compañera Shakti, la energía que se manifiesta en la atracción sexual entre hombre y mujer. Estas dos divinidades se unen, no para la procreación, sino para alcanzar la voluptuosidad, ananda, *que es su única razón de vivir. Los dos polos opuestos solamente pueden existir en una relación recíproca. El mundo está creado por el placer que experimentan con su unión.*

tardío, que coincide con el apogeo del arte hinduista. Este periodo, que va de los siglos X al XIII, conoce un esplendor comparable al del arte cristiano occidental con sus catedrales.

En la India medieval el arte estaba al servicio del hinduismo, igual que en nuestra cultura los edificios principales eran lugares de fe. Los templos más bellos se encuentran en una franja de territorio que atraviesa el centro de la India desde Orissa, la costa este, el sur de Bengala y llega hasta el desierto de Rajputana, en la frontera con Pakistán. Los templos mejor conservados son los que tienen los accesos más difíciles. Estos lugares de culto deberían haber sido protegidos, pero la mayor parte de ellos fueron saqueados por comerciantes sin escrúpulos, que vendieron muchas estatuas al mercado occidental.

Los templos más importantes son Bhubaneswar y Konarak, en Orissa, y Khajuraho, en la India central. En estos conjuntos arquitectónicos se puede admirar el esplendor de las esculturas eróticas que los hicieron famosos, aunque al precio de ver tergiversado su verdadero significado. En la India, el abrazo de los dioses fue usado como protección contra el mal. Por esta razón, antiguamente en muchas casas había frescos y pinturas de temática erótica. Actualmente, en las bodas se regalan estampas con imágenes de este tema para propiciar la armonía y la felicidad en el hogar de la nueva pareja. En algunos lugares, con motivo de las celebraciones de las fiestas de primavera se construyen estatuas de greda o arcilla que representan el abrazo de las divinidades, que luego se embellecen con flores y otras ofrendas. En algunas sectas sivaístas, los fieles llevan en el cuello un collar de oro y plata en forma de *lingam* como símbolo de fidelidad al dios. Si observamos las paredes de los templos, veremos que están recubiertas totalmente por representaciones simbólicas, en su mayor parte de tipo erótico, aunque es evidente que todo placer pornográfico está excluido de esta forma de arte. El valor de estas imágenes es a la vez mágico y educativo. Representan las diferentes formas de unión de los opuestos y están situadas en algunos puntos estratégicos de los templos. Todas las representaciones están construidas sobre un diagrama geométrico que recibe el nombre de *yantra* y que se traza en la piedra. En este diagrama se indican algunos centros de los cuerpos según una teoría básica del yoga. La escultura de la estatua propiamente dicha se realiza posteriormente. La dinámica de la relación sexual está representada con los detalles mínimos: algunas estatuas representan el encuentro, el abrazo, manos que se estrechan y que hurgan por debajo de vestidos finos y provocadores, escenas de masturbación, de estimulación recíproca de genitales y de todo tipo de penetraciones. También hay imágenes de uniones de mujeres con animales y escenas de homosexualidad masculina, en las que uno de los elementos de la pareja es siempre un monje.

Khajuraho, erotismo de piedra en el corazón de la India

Uno de los complejos arquitectónicos sagrados más conocidos es el de Khajuraho, cerca de Allahabad, en el norte de la India. Es una especie de ciudadela sagrada en cuyo centro se encuentra el templo más famoso, el de Elkandaraja, que recuerda la estructura de la montaña sagrada del Himalaya, el monte Lailasa.
El aspecto que más sorprende al visitante de este lugar de culto, más que las estructuras sólidas de los templos, es la miríada de

La unión sexual entendida como acto creativo

El elemento básico de los diferentes tipos de acoplamiento es el concepto de ser cósmico primordial formado por dos polos: purusha, *que significa «persona», y* prakitrim, *que significa «naturaleza». Estas dos fuerzas expresan el dualismo de los sexos, son complementarias e indispensables. Antes de la creación, estos elementos estaban «fuertemente abrazados como un hombre y una mujer»* (Brihadaranyaka Upanishad *1.4.3).*
Cuando estos dos elementos se separan, aparece la fuerza de la creación, el deseo. La unión de estas dos fuerzas contrarias representa un estado de paz, mientras que la separación crea la inestabilidad que permite la creación de todas las cosas que aspiran a reencontrar el estado primordial de unidad a través de la beatitud y la voluptuosidad. El principio de la vida se manifiesta en la oposición de los contrarios, concretamente masculino y femenino, simbolizados en los órganos sexuales. La unión de los órganos sexuales es la imagen misma del movimiento de la vida: «Los símbolos de la vulva y del falo representan los principios que originan la formación del mundo, y su unión expresa la naturaleza de la acción». (Vatula Shuddha Agama).
El coito es la expresión perfecta de la naturaleza y del ser considerado física, mental y espiritualmente. Realizando esta unión, el adepto tiene la revelación del secreto de la naturaleza divina. Todas las formas posibles de unión sexual corresponden a los distintos potenciales de lo divino que se manifiesta en todo acto de creación. La figura divina masculina y la figura divina femenina son una antropomorfización del falo y de la vulva. La oposición de los dos sexos origina el mundo, y a lo largo de la historia se han desarrollado dos cultos que honraban al macho creador y a la diosa madre respectivamente, ambas contrastadas inicialmente por la religión védica, y luego asimiladas gradualmente.

pequeños santuarios que conservan las imágenes de los dioses y la sucesión de pórticos dedicados a las prácticas de culto y que estaban reservados a los fieles. Todos están decorados con un gran número de esculturas que representan poemas épicos, vidas de los dioses y los personajes mitológicos, o también escenas sacadas del *Kama Sutra* o de otros tratados de erotismo sagrado.
En Khajuraho, el conjunto arquitectónico central fue construido entre los siglos X y XI. El tema recurrente es la representación de los amantes divinos *(mithuna),* que aparecen abrazados de distintas formas y simbolizan la unión fiel con la divinidad. Pese a representar un tema de gran carga erótica, las formas de las esculturas son sensuales y al mismo tiempo parecen abstractas y seráficas, y constituyen una de las fusiones más perfectas entre la representación de la belleza física y su significado espiritual.
Redescubierto a mediados del siglo XIX, el conjunto de Khajuraho ha suscitado numerosas dudas e interpretaciones: simple representación «pornográfica», valor didáctico de las posiciones eróticas (que globalmente constituirían una especie de *Kama Sutra* ilustrado), pretensión de ilustrar los pecados de la carne y, por tanto, sus castigos... Las lecturas pueden ser varias y claramente opuestas, en parte también debido a los siglos transcurridos entre las vidas de los geniales artesanos que decoraron las construcciones de Khajuraho y las de los estupefactos visitantes que hoy en día admiran los templos, en búsqueda de una solución a un pequeño misterio que, en la representación de los amores entre nobles, doncellas, ninfas, cortesanas, divinidades, tiene como protagonista la vitalidad y la energía sexual inmortalizadas en la piedra.
Muchas escenas son explícitas. A los ojos de los occidentales, todo parece extraño. Los colonizadores ingleses, por ejemplo, creían, a causa de su moral puritana, que las representaciones de estos individuos eran indignas de estar en un edificio sagrado destinado al culto. Sin embargo, ya hemos visto que para los hindúes no hay contraposición entre el cuerpo y el espíritu, entre lo sagrado y lo profano, porque todos los aspectos de la existencia humana, especialmente el ámbito sexual, está considerado una revelación de la divinidad.
Ningún otro arte religioso ha concedido al erotismo tanta importancia, precisamente porque el deseo recíproco de los amantes está considerado una alta expresión de la religiosidad.
Desde el punto de vista iconográfico, los escultores hindúes han sabido plasmar figuras voluptuosas, sobre todo las femeninas, representadas en rítmicos movimientos de danza, con senos turgentes, vientres y muslos redondos y sólidos, expresando la expresión más alta de la sensualidad y de la gracia. Pero a pesar de ser extraordinariamente reales, estas figuras tienen un aura de esplendor sobrehumano.
Otras representaciones que decoran los templos son personajes de la vida real, siempre para indicar hasta qué punto, en la mentalidad de la época, lo sagrado y lo profano, lo divino y lo humano, estaban ligados indisolublemente. Muchas esculturas representan al soberano hindú y a su esposa, considerados

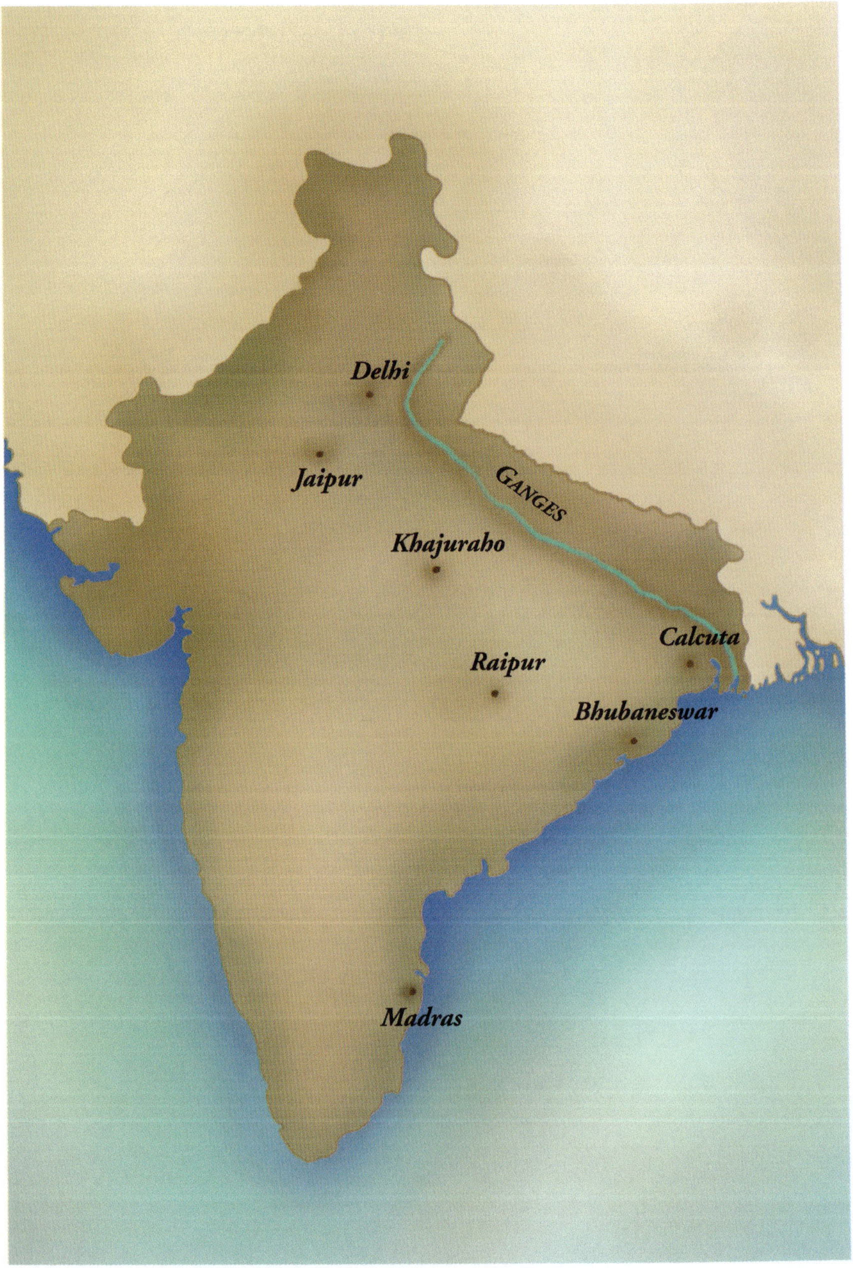
Delhi
Jaipur
GANGES
Khajuraho
Calcuta
Raipur
Bhubaneswar
Madras

encarnaciones del dios y de la diosa, y tampoco faltan figuras de madres con sus hijos en brazos, simbolizando el proceso vital de la naturaleza.
En ninguno de los casos se trata de una obra retratística, ya que los soberanos no se representan nunca con los rasgos bien definidos, sino que son imágenes idealizadas.

El templo de Bhubaneswar

Otro importante conjunto sagrado de la India medieval en el que se refleja claramente la influencia de las doctrinas tántricas y de textos como el *Kama Sutra* es el templo de Bhubaneswar, en la región de Orissa, en la parte oriental del país. Es un gran centro de peregrinaje, una verdadera ciudad sagrada con centenares de santuarios, entre los que destaca el gran templo de Lingaraja, erigido alrededor del año 1000 y dedicado al dios Siva en su forma de *lingam*, el falo, que sintetiza el poder creativo.
El templo está constituido por una torre de planta cuadrada y cobertura curvilínea, coronada por una plataforma plana con estolones. Vistos desde lejos, estos templos parecen surgir de la nada, como si fueran plantas misteriosas, pero al aproximarse, el visitante se da cuenta de que son esculturas enormes. Esta es una gran diferencia entre el arte occidental y el hindú: las edificaciones sagradas, como las catedrales, conceden mucha importancia al espacio interior, que estructuran en formas geométricas muy precisas y decoran finamente, ya que es en el interior donde se desarrolla el culto.
En el mundo hindú, en cambio, la función principal de la arquitectura es la obra mural y, sobre todo, la decoración que la recubre. Es muy difícil trazar una línea clara de distinción entre estructura arquitectónica y decoración plástica. Adquieren una importancia relevante las parejas de amantes, algunas de las cuales aparecen representadas no sólo durante el abrazo, sino también después, durante aquella especie de «tedio» que sigue a la satisfacción del deseo carnal y que simboliza el rapto del alma que se ha unido místicamente al dios.
Los autores de estas esculturas son artistas anónimos. Sin embargo, estas son auténticas obras maestras del arte hindú, que dan cuenta del alto nivel de habilidad técnica y de capacidad estilística de estos misteriosos maestros de la piedra, así como una profunda inspiración artística de origen místico, a pesar de tratarse de temas eróticos.
Si por un lado es cierto que parte de las esculturas hinduistas se consideran integrantes de la arquitectura de los templos, muchas de estas obras pueden ser apreciadas independientemente. Gran parte de las obras que se pueden admirar en museos y colecciones privadas del mundo occidental eran originariamente detalles de la ornamentación de un edificio sagrado. Aunque se puede discutir el hecho de que hayan sido sacadas del contexto en el que se encontraban, no podemos permanecer indiferentes ante la extraordinaria belleza de estas obras

Una escena de amor entre Krishna y Radha, en esta miniatura tumbados en una terraza y rodeados de las cortesanas. Museo Guimet, París (© fotografía de RMN/Arnaudet)

que, si se contemplan en el lugar de origen, se confunden entre la gran cantidad de imágenes que decoran los conjuntos arquitectónicos.

LAS MINIATURAS

Las imágenes eróticas del *Kama Sutra* se encuentran también en algunas pinturas hinduistas. El arte pictórico debe haber tenido un papel muy importante, sobre todo en la India medieval, aunque son pocas las pinturas murales que han llegado hasta nuestros tiempos, porque las representaciones se hallaban en paredes que fueron derruidas junto con los edificios de los que formaban parte, o bien porque fueron realizadas sobre materiales fácilmente deteriorables, como por ejemplo madera, papel u hojas de palmera. En cambio, sí nos han llegado algunas miniaturas de las escuelas de Rajputana y de Pahari. La escuela de miniaturismo más importante de la India tuvo el periodo de máximo esplendor en la corte hindú de la India central entre los siglos XVI y XVII. Las mejores obras, de proporciones casi siempre reducidas, son auténticas obras maestras desde el punto de vista gráfico y cromático, y están pintadas con colores brillantes sin medias tonalidades y con contornos acentuados.
Los personajes suelen estar tomados de la mitología hindú. Son principalmente historias que hacen referencia a Krishna, una de las muchas manifestaciones de Visnu. Sus amores con Radha, una lechera, son un tema recurrente y constituyen la expresión más pura de la pasión y el erotismo. Las figuras están rodeadas de muchos símbolos que se explican en los colores, los personajes y las escenas nocturnas. Los miniaturistas también representaban episodios de la vida cotidiana de la corte. En efecto, a menudo aparecen soberanos hindúes acompañados de sus esposas y concubinas, y nos muestran los vestidos, los ambientes de los jardines, patios y salas, cuidando minuciosamente los detalles, y con una marcada tendencia al naturalismo.
El mejor ejemplo del estilo Pahari proviene de las miniaturas de la escuela del Kangra, que agrupa artistas provenientes del valle del Kangra y de zonas limítrofes. Esta escuela tuvo su máximo apogeo entre los siglos XVIII y XIX, y constituye la última fase creativa importante del arte hindú tradicional antes de su decadencia. En lo que respecta al estilo de esta escuela, puede definirse como la síntesis entre la pintura miniaturista de Rajputana y algunos elementos de la India mogol. El tema preferido es el de los amores de Krishna y Radha, que simbolizan una vez más el deseo del alma de unirse con la divinidad. Asimismo, forman parte de este tipo de pintura escenas de la vida cotidiana, banquetes, descripciones de las mujeres del harén y escenas de amor profano.

Las cartas

Las 64 cartas que proponemos se inspiran en la iconografía tradicional del *Kama Sutra* y representan, no únicamente algunas posiciones que hacen referencia directa a la relación sexual, sino también una serie de imágenes simbólicas relacionadas con las 64 artes del *kama*, entre las que figuran el juego, la danza, el canto, la recitación de poemas, objetos, flores y animales que embellecen la vida y que —entendidos en el significado intrínseco o metafórico— tienen un reflejo claro en la vida afectiva, en el equilibrio sexual y en la armonía de la pareja.

Las cartas pueden ser utilizadas como punto de partida para la meditación. A partir de la observación de la imagen representada y de la lectura del texto que describe su significado simbólico, se pueden extraer conclusiones interesantes, que permiten conocerse a uno mismo, los aspectos del carácter propio y de las personas que nos rodean, que nos gustan, que despiertan nuestro interés, las dinámicas de la vida de pareja...

Además, con las cartas se pueden realizar una serie de sencillos juegos adivinatorios para saber lo que nos depara el futuro y encontrar respuestas a las cuestiones que más nos preocupan.

1 - La casa

La carta de la casa representa un edificio decorado con miniaturas, tapices, arcos, toldos y ventanas. Los suelos están cubiertos de cojines y alfombras con elementos florales que simbolizan la riqueza y el lujo. Las columnas de madera o de mármol están finamente trabajadas y talladas. Se pueden observar útiles muy preciados, como jarrones para bebidas, vasos de metal precioso, platos llenos de fruta y dulces, candelabros y difusores de esencias. Las camas están historiadas con todo detalle, con motivos típicos de la iconografía hindú, que hacen referencia siempre a elementos naturales. Tal como se dice en el *Kama Sutra,* la casa está dividida en dos partes: la interior, reservada a las mujeres, y la exterior, con lechos para el placer y divanes, voladeros para aves, armarios para los perfumes, etc. Si observamos los edificios hindúes representados en las estampas y en los dibujos, veremos que la mayor parte de las puertas y las ventanas son ovaladas, recordando en cierto modo el sexo femenino. La puerta es una abertura al mundo, un umbral para pasar de dentro a fuera y de fuera a dentro, cambiando de estado y de dimensiones físicas y mentales. La casa hace referencia al vientre materno y a las sensaciones de calor y afecto. La casa es también el nido en el que refugiarse para huir de las tormentas de la vida, un oasis de paz y serenidad en que descansar y relajarse, aislándose del mundo. La puerta es necesaria, porque franquearla significa pasar de un estado de ánimo y de conciencia a otro. Una o varias puertas son el símbolo de los umbrales interiores y de los cambios que se producen en nuestra persona. Nuestra casa explica cómo somos, pero hay que saber leerla con atención, porque es mucho más que un lugar físico en el que llevamos a cabo las actividades cotidianas. Esta carta indica que es necesario detenerse a reflexionar en el lugar interior en que vivimos.

PARA ELLA: si hay amor, incluso un cuchitril puede convertirse en un palacio. Cuida bien la casa y el ser amado te recompensará con su gratitud.

PARA ÉL: haz que tu casa sea un reino secreto de paz y armonía, y ayuda a tu amada en las tareas de vuestro nido de amor: ella te lo sabrá agradecer.

MENSAJE: abre tu casa y tu alma al amor.

2 - La fiesta

La carta de la fiesta representa un grupo de personas que están juntas bajo un entoldado, como es costumbre en las familias hindúes de casta alta. Unas mujeres tocan el tambor, el tamboril y el sitar —son profesionales contratadas expresamente que antes vivían en el harén— para alegrar el ambiente con música y cantos. En las mesas hay platos repletos de víveres apetitosos, fruta, dulces y bebidas dignas de los paladares más refinados. Unos personajes bailan cogidos de la mano, otros conversan distendidamente y brindan a la salud de los amantes. Una criada se encarga de dar aire a los dueños de la casa, moviendo graciosamente un abanico de plumas de pavo. Según Vatsyayana, hay varios tipos de fiesta: las que se celebran en honor de las divinidades, las reuniones de sociedad, las recepciones privadas con mujeres públicas y cortesanas, excursiones al aire libre y salidas, paseos a la luz de la luna, etc.
Esta carta significa que cuando en la vida de dos personas salta la chispa del amor surge el deseo de proclamarlo al mundo y de hacer partícipes a los amigos. Por este motivo, la fiesta es una ocasión de encuentro entre la pareja y los amigos, reunidos para disfrutar todos juntos de la novedad.
No es necesario que una fiesta se organice con estilo, refinamiento y gasto para el alquiler de equipamiento, refrescos o contratación de un grupo de músicos. Hoy en día basta una simpática reunión de amigos delante de un plato de espaguetis. El elemento fundamental es que debe reinar la armonía entre todos los que participan en la velada, honrando con su presencia a la nueva pareja.

PARA ELLA: acoge con alegría a los amigos de tu amado y aprende a compartirlos con él, sin celos. Un hombre que tiene muchos amigos y los invita de buena gana a su casa es con toda seguridad un hombre con mucha riqueza interior.

PARA ÉL: respeta y honra a la mujer que organiza una fiesta para tus conocidos y ayúdala en las tareas prácticas. Permite que ella reciba también a sus amigos, sin exclusiones, de manera que entre vosotros haya igualdad y respeto.

MENSAJE: cuando hay amor, cada día es una fiesta.

3 - La amiga de la mujer

La amiga del corazón de la mujer es una figura muy importante, más que una hermana o un familiar próximo. Muchas veces la amistad entre dos amigas viene de la escuela o de la universidad. En muchos casos comparten los secretos más íntimos de sus amantes, hablan todos los días por teléfono o se envían constantemente mensajes por internet. Salen juntas, se ven con las mismas personas, van de compras, al cine y a conciertos; pasan juntas las vacaciones o los momentos de descanso, o toman el aperitivo juntas al salir del trabajo. A menudo la amiga del corazón ejerce una función práctica, con sus consejos sobre la vestimenta y la imagen que conviene en una circunstancia determinada. Así, por ejemplo, la amiga opina sobre detalles del vestir para estar más atractiva y seductora, las joyas que deben combinarse con cada vestido, el calzado, el perfume, etc. Además, representa un soporte psicológico porque es la principal confidente, y con ella se deciden las «estrategias» de seducción, las palabras que no debe olvidarse de pronunciar, los gestos determinantes, etc. También sirve de consuelo en caso de tristeza y melancolía cuando el ser amado se ausenta, cuando la abandona, en caso de disputa o de ofensa. A una amiga de verdad se le confían las alegrías y las amarguras, porque esta sabe escuchar y comprender los trastornos anímicos de la confidente y le da los mejores consejos.
Esta carta significa que a veces el hombre está celoso de la relación exclusiva que hay entre dos amigas, pero debe procurar superar este sentimiento porque la amistad entre mujeres es un mundo cerrado, un pequeño jardín interior en donde sólo hay lugar para las dos personas que viven en él. Sin embargo, la amiga del corazón ha de mantener una cierta distancia emotiva con respecto al ser amado de la otra, para no generar celos y malentendidos.

PARA ELLA: confía plenamente en tu mejor amiga, porque ella puede comprenderte de verdad y darte el mejor consejo.

PARA ÉL: respeta el fascinante secreto de la amistad femenina y no te intereses por las amigas de tu amada.

MENSAJE: la amiga es la mejor confidente.

4 - Los amigos del hombre

Para el hombre, los amigos también son importantes. Muchas veces, las personas que se han conocido en el colegio o durante el servicio militar se convierten en puntos de referencia de la vida de un hombre. Según Vatsyayana, los amigos «han de decir la verdad, no deben cambiar de sentimiento con el tiempo, deben favorecer nuestros deseos, han de ser constantes, no deben ser ávidos, no deben dejarse embaucar por otros y no pueden revelar nuestros secretos».
Entre amigos, incluso cuando hay mucha confianza, hay siempre un trasfondo de rivalidad típica del carácter masculino: con ellos el hombre se jacta de sus conquistas, magnifica sus prestaciones sexuales con todo lujo de detalles, habla de las mujeres que desea y de cómo logrará seducirlas, o de la relación con una persona concreta que en aquel momento comparte la vida con él, y de la que puede estar más o menos enamorado. En la amistad entre hombres no es frecuente que se instaure la misma complicidad que hay entre mujeres. La relación es más bien de camaradería, y en la mayor parte de los casos se basa en aspectos superficiales. En muchos casos los hombres son más charlatanes que las mujeres y hablan de su relación amorosa de forma poco agasajadora. Pero lo más frecuente es que los temas de conversación entre amigos sean el deporte, las aficiones, la caza y el trabajo. Con los amigos, el hombre juega al tenis, organiza partidillos de fútbol, va a la discoteca, participa en competiciones, excursiones o incluso viajes.
El hombre presenta a su compañera a los amigos para presumir de la belleza de ella, de su simpatía o les invita a su casa para que constaten su buen hacer en la cocina. Esta carta indica que, a pesar de tener una relación de pareja, es importante abrirse al resto de la sociedad, sin excluir a nuestros propios amigos.

Para ella: respeta las amistades de tu compañero, pero mantén una cierta distancia y no hagas confidencias para no correr el riesgo de ser objeto de comentarios y celos.

Para él: no dejes de lado a tus amigos cuando inicies una relación con una mujer; hazla partícipe de tus salidas para que no se sienta excluida.

Mensaje: quien tiene un amigo tiene un tesoro.

5 - El perfume

En todas las civilizaciones, el perfume ha desempeñado una función primordial en el juego de la pasión. Desde siempre, los hombres y las mujeres han rociado ciertas partes del cuerpo con productos de destilaciones o con simples esencias naturales. Flores, frutos y resinas preciosas han despertado desde hace milenios la curiosidad del hombre, que ha ideado sistemas de extracción cada vez más sofisticados para estimular uno de los sentidos humanos más complejos: el olfato. Ungüentos y aceites son indispensables para preparar el cuerpo para el abrazo, porque ablandan la piel, hacen que sea agradable al tacto y sensible a las caricias. Además, el perfume tiene una acción importante sobre la psique, es antidepresivo y relajante, y a veces incluso euforizante, como ha demostrado actualmente la aromaterapia. El perfume predispone el despertar y el abandono de los sentidos, y ayuda a eliminar los bloqueos emotivos, la timidez, los miedos y el negativismo. Según Vatsyayana, el hombre ha de bañarse cada día, untarse todo el cuerpo cada tres días y perfumarse moderadamente cada mañana, cuidando especialmente el aliento, que debe ser fresco y oler a especias. Se pueden usar perfumes tanto para la personas como para el ambiente. Cuando se prevé una velada con el ser amado, conviene distribuir en varios rincones de la casa difusores con mecha llenos de agua en la que se han disuelto esencias aromáticas. En las sábanas y la ropa interior también se pueden aplicar unas gotas de perfume igual que el del cuerpo del amante. Si se quieren utilizar perfumes para estimular los sentidos, se elegirán aceites esenciales de rosa, verbena, opio, almizcle blanco, sándalo, nardo o madreselva. Si, por el contrario, se quiere priorizar el aspecto romántico y afectivo del encuentro, se elegirán perfumes de lavanda, violeta, muguete, jazmín, flores de naranjo, vetiver o ylang-ylang. Los extractos de estas y de muchas otras plantas pueden complementar también los aceites para masajes. De este modo se suma la acción erótica de la manipulación de la piel de la persona amada con el efecto del perfume.

Para ella: esta carta te muestra la manera de estimular los sentidos de tu compañero, pero no debes abusar de las esencias fuertes que cubran el olor natural de tu piel.

Para él: en el caso de una relación extraconyugal presta atención al perfume de tu amante: será lo primero que te traicionará.

Mensaje: la pasión usa todos los sentidos.

6 - El hombre liebre

En el *Kama Sutra* se describen varias tipologías de hombres y mujeres que se diferencian por el tamaño de sus órganos sexuales. Para el hombre, el criterio es el grosor y la longitud del *lingam*, y para la mujer, la profundidad de la *yoni*. El hombre liebre recibe este nombre porque su miembro es estrecho y no especialmente largo. Normalmente es joven, de rasgos bellos, delgado, proporcionado, no muy alto y tampoco dotado de una musculatura potente. A este tipo de hombre le interesan sobre todo los aspectos espirituales, tanto en la relación con la mujer como en la vida en general. No destaca en el deporte, no cuida el desarrollo de sus cualidades físicas, no frecuenta las piscinas o los gimnasios, y prefiere los cines, las bibliotecas, las salas de concierto, los museos, etc. Cuando quiere seducir a una mujer, más que a la prestancia física recurre a la simpatía y a la amabilidad, a las maneras refinadas y a la cultura, supliendo las carencias físicas con la simpatía, el altruismo y la disponibilidad, mucha paciencia y una gran pericia en la relación sexual. Es amable, buen seductor, un amante refinado y culto, atento a las reacciones de la mujer y sensible a sus peticiones. El hombre liebre puede tener una unión perfecta con una mujer cierva. Pero si elige otras tipologías de amante deberá poner en práctica muchas astucias y artificios para satisfacerlas plenamente, debido a las dimensiones mayores de sus *yonis* en relación con su *lingam*. En el caso de la relación con la mujer cierva, las dimensiones son equivalentes y la compenetración corporal es perfecta. El hombre liebre suele ser experto en juegos eróticos, posee mucha fantasía y siempre desea experimentar posibilidades nuevas para satisfacer a la mujer que ama.

Esta carta indica que conviene ir más allá del aspecto externo y no dejarse llevar por los prejuicios con respecto a personas que a primera vista podrían parecer poco agraciadas o poco dotadas físicamente.

Para ella: entrégate a tu amado apasionadamente y no infravalores su potencial erótico sólo por su aspecto.

Para él: en las relaciones con la pareja el juego es muy importante. Procura a tu mujer todo tipo de placer, usando fantasía e inventiva.

Mensaje: conviene ir más allá de las apariencias.

7 - El hombre toro

El hombre toro tiene un físico imponente, bien dotado por la naturaleza. Normalmente es alto, con hombros anchos, manos y pies grandes, mandíbula fuerte, frente alta, tórax poderoso y a veces tiende al sobrepeso. Su órgano sexual tiene estas mismas características: es ancho y largo, y debe usarlo con cuidado porque puede causar dolores a una pareja no adecuada, como por ejemplo una muchacha virgen, muy joven, o una mujer cierva con la *yoni* poco profunda. Desde el punto de vista psicológico, el hombre toro es irascible, de risa fácil pero irritable, jovial, chistoso, y también celoso y ávido de placeres. Le gusta comer y beber en abundancia, charlar con los amigos, estar con la gente y no teme el alboroto y la confusión. Sabe que debe controlar su fuerza para no hacer daño a los demás, aunque tan solo sea cuando estrecha la mano a alguien. Normalmente es un amante impetuoso, que ha de controlarse para dar satisfacción a su amante, impresionada por su físico y por la idea de solidez y poderío que le transmite su cuerpo. La pareja ideal del hombre toro es la mujer elefante, que presenta características parecidas a las suyas. Si se relaciona con una mujer yegua, deberá proceder con cuidado y tener en cuenta las exigencias de la pareja. Este tipo de hombre no es particularmente sensible al aspecto externo de su compañera, puesto que valora más sus cualidades culinarias y amorosas. Es presa fácil de los estímulos eróticos y se excita rápidamente y con poco. En él la pasión surge impetuosa, pero también es posible que se desvanezca fácilmente, como fuego de paja. Por esta razón, el hombre toro debe ser educado por la mujer en el arte del amor con paciencia y a la vez firmeza.

Esta carta indica que en materia de amor son muy importantes la fuerza de la pasión y la energía erótica, pero también el autocontrol, la paciencia y el cariño.

PARA ELLA: debes poner freno a tu amante si quieres gozar plenamente de los sentidos.

PARA ÉL: aprende a controlarte y a dar a tu amada no sólo momentos de pasión, sino también cariño y complicidad.

MENSAJE: si amas, debes dominar tus instintos.

8 - El hombre caballo

El hombre caballo tiene un cuerpo equilibrado, una altura mediana, hombros anchos, cintura estrecha y proporciones regulares. Su *lingam* no es ni demasiado grande ni demasiado estrecho, y bien torneado. El hombre caballo es elegante y sus movimientos son armoniosos. A las mujeres les vuelve loca su físico, muy cuidado y sabiamente esculpido con el ejercicio y las horas invertidas en el gimnasio. Además, su simpatía y refinamiento le convierten en el amante ideal y un gran seductor, a veces incluso libertino, porque sabe que es atractivo y le gusta serlo. Igual que el caballo, sabe cuándo debe avanzar al paso y cuándo debe hacerlo al galope. Es experto en hacer capitular a las doncellas que se esfuerzan en resistirse. Para él todo es un desafío, una conquista. Le gusta dar placer y disfruta haciendo gozar a su amada, pero sobre todo le gusta ser el centro de atención. Debe controlarse porque a veces tiende a pensar sólo en sí mismo y en satisfacer sus propios deseos, y, por tanto, deberá mejorar con la técnica lo que le falta por carácter. Además, deberá aprender a contener su narcisismo para entregarse completamente a su compañera en el juego del placer recíproco y no marcarse metas que luego no puede cumplir o no tiene ganas de compensar. Para los hindúes, el caballo está rodeado de un aura sagrada, por su gran fuerza y resistencia. Para el noble, el caballo formaba parte de su personalidad y era casi como un emblema de su existencia. Así, en el *Kama Sutra,* el hombre que lleva al caballo su propio simbolismo, si consigue liberarse de su egoísmo, se convierte en el mejor de los amantes posibles. La unión perfecta se da con la mujer yegua, que tiene sus mismas características, ya que la mujer cierva es demasiado pequeña, frágil e inexperta para él, y la mujer elefante, por el contrario, lo supera físicamente y en exigencias sexuales.
Esta carta indica que en el amor es importante dar antes de recibir, buscar el placer del otro antes que el placer propio.

PARA ELLA: debes procurar que tu amante se concentre más en tu placer.

PARA ÉL: cuando quieras conquistar a una mujer, haz que se sienta única, retrasa la satisfacción de tus sentidos para encender los suyos al máximo.

MENSAJE: el verdadero placer es el que se da al otro.

9 - La mujer cierva

La mujer cierva tiene la *yoni* poco profunda y, por lo tanto, se compenetra bien con un hombre no excesivamente dotado, como el hombre liebre. Con los hombres toro y caballo esta mujer tendrá dificultades, ya que sus miembros son considerables y pueden causarle un placer demasiado intenso, incluso con algún componente de dolor. La mujer cierva normalmente es joven, delgada, no es alta y se mueve armoniosamente. Es bella aunque no vistosa, tímida y reservada, y sólo acepta al amante después de un cortejo largo e insistente, que la pueda convencer de la bondad de sus intenciones.
La cierva es un símbolo que se encuentra a menudo en la literatura india. En las historias de Arunachala, Gautama cuenta a Uma que en cierta ocasión Brahma creó una bella muchacha para distraer a los yoguis de sus penitencias, pero esta chica era tan encantadora que el propio Brahma se enamoró de ella y la cortejó para poseerla. Ella entonces se convirtió en cierva para huir, pero él también se transformó en ciervo e intentó tomarla. Después ella se convirtió en pájaro, y él en su macho. Siendo pájaro, la muchacha voló hasta la morada de Arunachala e imploró: «Arunachala, en Ti busco Refugio». E inmediatamente un cazador descendió de la colina para protegerla, y Brahma fue liberado de la ilusión del deseo y rezó para ser perdonado. Siva le dijo: «Tú eres el mundo y Sus pecados por el mero hecho de haber visto a Arunachala. Yo soy el esplendor de Arunagiri, el Todo Supremo. Ve en silencio cien veces en torno a Arunachala y serás purificado». Así fue como Brahma se convirtió en el Señor del paraíso de Satyaloka, y la mujer cierva ha quedado como símbolo de la muchacha que no puede ser tomada con impetuosidad, sino que ha de ser seducida y cortejada largamente antes de aceptar el amor de alguien.
Esta carta indica que el respeto es un aspecto fundamental en el amor.

Para ella: abandónate a las alegrías del amor, pero haz respetar tu persona y tus deseos.

Para él: la mujer es frágil como una flor, trátala como algo precioso, incluso cuando te arrastre la pasión.

Mensaje: un largo cortejo hace más intensa la unión.

10 - La mujer yegua

La mujer yegua es pasional y desinhibida, ama la vida en todas sus facetas, es independiente y aprecia el juego del amor sin renuncias o timidez. Es más, a veces ella misma se comporta como una provocadora y una verdadera seductora, que estudia al individuo que desea en todos los detalles, para saber cómo actuar para hacerle capitular y unirse con él. Acepta su físico, que suele ser proporcionado y armonioso. En efecto, no es demasiado gorda ni demasiado delgada, ni alta ni baja, y se siente cómoda en el contacto con los demás. Cuida mucho su aspecto, especialmente la ropa y el peinado, y le gusta más seducir que ser seducida. Su compañero ideal es el hombre caballo, ya que la longitud del miembro de él es ideal para la profundidad de la *yoni* de ella. Con el hombre caballo puede tener una relación de igual a igual, sincera, en la que cada uno ve en el otro la mitad de sí mismo, como dice Vatsyayana, siempre con la condición de que ambos se esfuercen en dar placer al otro y no pretendan solamente el disfrute personal. Este tipo de mujer difícilmente podrá unirse con un hombre liebre, de quien no apreciaría las características físicas, a menos que este no consiguiera suplir sus carencias con preliminares eróticos que hicieran perder la cabeza a la amante. Por el contrario, podría estar a gusto con un hombre toro, aunque la longitud de su falo será superior a la profundidad de su *yoni*, y deberá, por tanto, contener su ímpetu. Esto le proporcionará la satisfacción de dominarlo y retenerlo a placer, para recrearse con él largamente. A la mujer yegua le gusta controlar la situación, y a veces incluso llega a la dominación. En los juegos del amor quiere ser parte activa, y muchas veces es ella quien provoca al hombre, lo desnuda primero, le gusta que sea él quien esté echado para ponerse encima y moverse como a ella más le gusta.
Esta carta indica que se debe dominar la situación si se quiere lograr el éxito en el proceso de seducción.

Para ella: lleva tú las riendas en el juego del amor y seduce a tu pareja; ahora te toca a ti hacer que él caiga a tus pies: verás como no espera otra cosa.

Para él: la mujer que te interesa prefiere seducir que ser seducida: capitula y vencerás la batalla del amor.

Mensaje: en el amor también vence quien pierde.

11 - La mujer elefante

La mujer elefante tiene problemas a veces para aceptar su físico, que le parece exagerado: puede sentirse demasiado alta, o demasiado gorda, o desproporcionada. Es desconfiada con los hombres, sobre todo con los guapos y narcisistas como el hombre caballo, y se encuentra más a gusto con un hombre toro, que tiene sus mismas proporciones físicas, o con un hombre liebre, que sabe aceptar con ironía las posibles imperfecciones de su compañera. Pero si bien es cierto que esto puede ser válido en el plano espiritual y psicológico, no lo es en el terreno sexual. En efecto, el hombre liebre tendrá un miembro demasiado pequeño para las proporciones de la mujer elefante, que no experimentará placer en la penetración, y que, por tanto, deberá ser estimulada con preliminares que la colmen y le permitan disfrutar junto al amante. En cambio, la unión será perfecta con el hombre toro, fuerte y poderoso, capaz de hacerla sentir protegida y deseada. El tipo de pasión que siente esta tipología de amantes a veces también es muy similar. La mujer elefante es una persona brillante en sociedad, se ríe, bromea, es simpática, pero casi siempre se siente inadecuada, y detrás de una imagen de persona sociable, oculta una gran timidez y a veces un complejo de inferioridad. En la India el elefante es la cabalgadura de los reyes. Además, es símbolo de estabilidad. El dios Ganesha tiene la cabeza de elefante. Según una célebre leyenda, el elefante representa el inicio y el fin de todas las cosas. Ganesha es, con toda probabilidad, la divinidad más venerada en el mundo hindú. Se lo considera como el que aparta los obstáculos y trae fortuna y prosperidad. Una de las primeras frases que se enseña a los niños que aprenden a escribir es *Shri Ganesha namah*, es decir, «Me inclino ante Ganesha».

Esta carta indica que en el amor no es importante el aspecto, sino la energía interior. Si se tiene confianza en uno mismo y en la propia capacidad de seducción, no habrá fracasos.

PARA ELLA: ten confianza en tus cualidades, aunque no estés plenamente satisfecha con tu físico. La seducción viene de la mente antes que del cuerpo.

PARA ÉL: no juzgues a la mujer por el aspecto exterior y haz que se sienta bella con la fuerza de tu pasión.

MENSAJE: a menudo las grandes montañas esconden grandes tesoros.

12 - El abrazo

Según Vatsyayana existen varios tipos de abrazo dependiendo de la situación en la que uno se encuentra. Por ejemplo, un hombre puede colocarse con cualquier pretexto delante o al lado de una mujer y tocar con su cuerpo el de ella: en este caso se produce un contacto por frotación. Si una mujer, lejos de miradas indiscretas y en un lugar apartado, se inclina como para recoger algo del suelo y «pincha» con sus pechos a un hombre que está tumbado, será un abrazo «perforador». Si los amantes pasean juntos y se frotan el uno contra el otro, habrá un abrazo «presionante». Si uno de los amantes empuja con su propio cuerpo al otro contra una pared, habrá otro abrazo presionante. Existen otros tipos de abrazo, más íntimos, que se usan en el momento de la unión sexual y que dependen de la forma como están enlazados los brazos y las piernas de los amantes. El abrazo del reptil se da cuando una mujer se coge al cuerpo del hombre como una serpiente al árbol, y le estira la cabeza en un intento de besarlo. Trepar al árbol se da cuando la mujer apoya un pie sobre el muslo de él, pasándole un brazo alrededor de los riñones y el otro por los hombros. La mezcla del grano de sésamo con el grano de arroz tiene lugar cuando los amantes están echados y se abrazan enlazando estrechamente brazos y muslos. El abrazo puede ser fraternal o malicioso. Entre un hombre y una mujer, el abrazo casi nunca es fraternal, a no ser que se trate del marido o la esposa del mejor amigo o amiga. En este caso no hay malicia, pero cuando dos personas que se sienten atraídas se abrazan, es un primer paso hacia algo más íntimo. Los distintos tipos de abrazo corresponden a diversos grados de intensidad de deseo. Estos abrazos pueden involucrar solamente una parte del cuerpo o todo, y pueden ser muy eróticos y excitantes.
Esta carta indica que el amor también es la capacidad de acoger al otro y reconfortarlo en los momentos tristes.

Para ella: abre tu corazón y tu mente al ser amado y abrázalo en su totalidad, no solamente su cuerpo.

Para él: refúgiate en el abrazo de tu esposa; en su seno, además de pasión, encontrarás la comprensión y la ternura.

Mensaje: el amor es un puerto en donde se está resguardado de todas las tempestades.

13 - El beso

El beso marca el inicio de una relación amorosa. Con el beso se dispara la pasión y casi siempre es el preludio de una unión más íntima. Según el autor del *Kama Sutra,* cuando se quiere manifestar afecto se pueden besar diferentes puntos del cuerpo, en particular la frente, los ojos, las mejillas y el cuello, pero sin duda el beso más sensual es en la boca. Durante la unión sexual se pueden besar los pechos de la mujer, los muslos, los brazos, el ombligo. Vatsyayana enumera varios tipos de beso, algunos muy castos, otros impúdicos. Algunos de los besos que se pueden robar a las chicas jóvenes son el «nominal», en el que los labios se rozan; el «palpitante», en el que se mueve el labio inferior, y «con contacto», en el que se toca suavemente con la punta de la lengua los labios de ella. «Se puede jugar a ver quién conquista primero los labios del otro. Si pierde la mujer, ella debe fingir que llora, apartarse del amante agitando las manos y pidiéndole la revancha. Si pierde por segunda vez, debe mostrarse doblemente afligida, pero cuando él está distraído o adormilado, debe aferrarle rápidamente el labio inferior con los dientes para que no pueda escapar, y luego reír, gritar, burlarse, provocarlo, bailando a su alrededor, decirle todo lo que se le pasa por la cabeza en tono jocoso, alzando las cejas y entornando los ojos. Estos son juegos ligados con el besarse, pero que también pueden adaptarse al arañar, morder o causar dolor.» Los besos pueden ser de cuatro tipos: moderado, contraído, apretado y dulce, según la parte del cuerpo en donde se realiza. También hay besos que no sirven para despertar la pasión, sino para testimoniar afecto y respeto. Los da la mujer cuando el hombre está ocupado en otra cosa, o pueden ser también los que se dan a una imagen del ser amado, un objeto que le pertenece o a la propia persona mientras duerme.
Esta carta indica que es muy importante que en una relación no falte nunca el aspecto pasional. La energía erótica es el motor del amor.

PARA ELLA: abandónate a los besos ardientes de tu amado, cierra los ojos y olvida el pudor al mostrarle tu deseo.

PARA ÉL: cubre a tu amada de besos como si fueran una lluvia de perlas. De este modo estará segura de tu amor.

MENSAJE: un beso apasionado une más que la unión carnal.

14 - El arañazo

Cuando se enciende la llama del placer, a veces los amantes se arañan, sin hacerse daño, pero pueden quedar pequeños rasguños. Según Vatsyayana, cuando esto ocurre significa que el deseo ha sido retenido mucho tiempo. El autor del *Kama Sutra* sostiene que «cuando la pasión es intensa son convenientes las presiones y los arañazos. Esta práctica se realiza en las ocasiones siguientes: en la primera visita, en el momento de marcharse de viaje, al regresar, en caso de reconciliación con un amante enojado y, finalmente, cuando la mujer está embriagada». Los arañazos pueden dejar marcas en forma de media luna, circulares en torno al ombligo, en las pequeñas oquedades laterales de las nalgas y en el punto donde se juntan los muslos, o bien rectilíneas. Una curva trazada en el pecho recibe el nombre de garra de tigre; dos curvas trazadas con los cinco dedos, también en el pecho, es la pata de pavo; si las marcas están alrededor de los pezones, es el salto de la liebre. Según los antiguos textos hindúes de *ars amandi*, las marcas con las uñas en el cuerpo de la persona amada son siempre la expresión de una pasión intensa. Así, «el amor de una mujer que lleva signos de uñas en las partes secretas de su cuerpo, aunque estén medio borradas o casi hayan desaparecido, se reaviva o se renueva. Si no hay marca de uña para recordar a la persona el paso del amor, este mengua tal como ocurre cuando durante mucho tiempo no hay unión. Cuando un extranjero, quizá llegado de lejos, ve marcas de uñas en el seno de una mujer, él siente por ella amor y respeto. Y del mismo modo, un hombre que lleva marcas de uñas o de dientes en ciertas partes de su cuerpo consigue influir en el espíritu de una mujer, por fuerte que sea.

Esta carta indica que una dosis de energía impetuosa vitaliza la relación, siempre dentro de los límites de una «dulce violencia».

Para ella: puedes arañar el cuerpo de tu amante por todas partes, pero debes prestar atención en no dañarle excesivamente la piel y darle sólo sensaciones agradables, de las que ponen la piel de gallina.

Para él: no dejes marcas en el cuerpo de tu amada si está casada con otro, y no permitas que te hagan marcas inequívocas si eres tú el que estás casado.

Mensaje: el arañazo aumenta el recuerdo del amor.

15 - El mordisco

El mordisco está reservado exclusivamente a los amantes que se conocen bien y que aprecian el hecho de llevar impreso en el cuerpo el signo de la pasión. Existen varios tipos de mordiscos, de diferente intensidad, si bien no llegan nunca a herir al otro. Vatsyayana repasa las distintas técnicas de morder que se pueden practicar para desencadenar el deseo, y afirma: «Todas las partes del cuerpo que pueden ser besadas también pueden ser mordidas, excepto el labio superior, la parte interna de la boca y los ojos». Y propone, por ejemplo, el mordisco oculto, que no deja un enrojecimiento excesivo y que se reserva al labio inferior; el mordisco «punto» se hace con dos dientes en una zona de piel minúscula: la línea de puntos se obtiene cuando varios puntos de piel se muerden con todos los dientes; el mordisco «coral y joya» se efectúa conjuntamente con los dientes y los labios: los dientes son las joyas y los labios los corales; la línea de joyas se obtiene mordiendo con todos los dientes; la «nube rota», que deja, practicándola en los pechos, marcas desiguales dispuestas en forma de círculo, que corresponden a los espacios que hay entre los dientes. Por último, considerado el grado máximo de la práctica de los mordiscos y signo de una gran pasión, está el «mordisco de jabalí», que deja varias hileras de marcas próximas entre sí «con intervalos de color rojo». Se practica en los senos y en los hombros. En los textos antiguos hindúes se dice que si un hombre muerde con fuerza a una mujer, ella ha de devolverle el mordisco con doble fuerza.

No a todas las mujeres les gustan estos signos en el cuerpo; algunas son contrarias a ello, pero en cambio otras se dejan incluso golpear, insultar o tener relaciones un poco violentas.

Esta carta indica que las efusiones amorosas violentas deben dosificarse con cuidado: la función de los mordiscos es excitar la pasión, no apagarla, por lo tanto conviene no exagerar si no se conoce perfectamente a la pareja.

PARA ELLA: esta carta indica que puedes dejarte llevar por tu amante sólo si estás segura de que luego no se lamentará de las marcas que le dejas.

PARA ÉL: la violencia en una relación solamente es aceptable si es deseada por ambos.

MENSAJE: el amor es un fruto que debe morderse dulcemente.

16 - El harén

Las mujeres del harén no pueden verse con ningún hombre que no sea su esposo y amo. Por lo tanto, es lógico que estén siempre insatisfechas, ya que un solo amante no basta para tantas jóvenes. Por esta razón, acaban dándose placer entre ellas. «Visten de hombre a las hijas de sus nodrizas o de sus amigas, o a sus propias criadas, e intentan lograr su objetivo con bulbos, raíces o frutos que tengan forma de pene, o se unen con estatuas en las que el *lingam* está visiblemente en erección.» En el mundo hindú la vida del harén es muy dura, y todas las mujeres tienen el mismo objetivo: experimentar los placeres de la unión carnal. Para ello se ayudan mutuamente a introducir y esconder a un hombre, normalmente disfrazado de mujer. Amigos, hermanos, familiares, acreedores del rey y, a veces, incluso sus sirvientes y sus soldados más fieles pueden gozar libremente de las mujeres encerradas en el harén, a menudo con el consentimiento tácito de su propietario legítimo. Este debe escoger, como guardianes de sus esposas y concubinas, hombres que carezcan de deseo carnal, que no teman las amenazas y que no sean avaros, para que no acepten sobornos provenientes de quienes desean penetrar en el jardín secreto del soberano. Según algunos textos antiguos «este debe hacer que su esposa tenga amistad con otra mujer, para que le cuente todos los secretos y lo mantenga informado acerca de la castidad de ella».

El significado de esta carta, en nuestra mentalidad occidental, nos remite a las fantasías sexuales de los hombres, que sueñan con tener mujeres inaccesibles y prohibidas, como por ejemplo las esposas de los reyes, o a los sueños de las mujeres que desean evadirse de una situación que las tiene prisioneras e imaginan tener un amante secreto dispuesto a correr cualquier riesgo con tal de introducirse en sus vidas y gozar de ellas a escondidas de la pareja legítima.

Para ella: cuando la fuerza del amor ya no es tan intensa, cierra los ojos y usa la imaginación para revigorizar la relación.

Para él: si tu fantasía es tener un harén, no la pongas en práctica si tu compañera es celosa.

Mensaje: el poder de la fantasía no tiene límites.

17 - La posición de arco de puente

En el *Kama Sutra* el arco de puente es una de las maneras más originales y quizá más acrobáticas de copular. Esta posición se puede realizar de pie o echado. La mujer inclina la cabeza hacia atrás y levanta la parte media del cuerpo para extenderse hacia el amante. Puede sostenerse con los brazos extendidos o doblados, o dejar la parte superior del tronco y los hombros en contacto con la almohada. La mujer puede tener las piernas dobladas debajo del cuerpo, o bien puede arrodillarse en el suelo para ayudarse, o también puede quedarse de pie y hacer un verdadero «puente». No es una de las posiciones más fáciles, y exige una cierta agilidad. Se utiliza en encuentros entre amantes que son diferentes físicamente, sobre todo cuando el hombre, robusto y corpulento, podría pesar excesivamente encima de la mujer echada. En esta unión, la mujer cierva deberá procurar ensanchar su *yoni* al máximo para favorecer la acogida del hombre. En cambio, la mujer elefante deberá contraer la *yoni*, especialmente cuando la relación tenga lugar con un hombre liebre, para poder disfrutar plenamente. En cualquier caso, no es una posición de abandono total, y más que la espontaneidad, pretende la búsqueda del placer. Es bastante frecuente que las mujeres que hayan tenido experiencias negativas con otras parejas, o en caso de que se trate del primer encuentro con un nuevo amante, no gocen de la relación sexual e intenten no dejarse involucrar totalmente, sobre todo en el plano emotivo. Esta posición propicia un cierto alejamiento de la mujer, lo cual denota la existencia de ciertas reservas mentales inconscientes.
El significado de la carta es que hay que considerar la actitud hacia la pareja y reflexionar sobre si realmente en la unión existen reservas mentales, o bien si persiste algún miedo antiguo que perjudique la armonía en el encuentro amoroso.

Para ella: quizá deberías abandonarte un poco más en las relaciones con el ser amado. Si algo te frena, intenta descubrir por qué.

Para él: si tu mujer ha tenido experiencias negativas anteriormente, debes ganarte su confianza también en lo que se refiere a la sexualidad.

Mensaje: el amor verdadero vence cualquier miedo.

18 - La posición de la caverna

Esta posición no es en absoluto cansada para la mujer, que yace con la parte superior del cuerpo cómodamente tumbada, o si lo desea apoyada en blandos cojines, y tiene las piernas levantadas ayudándose con los brazos, que sujetan las rodillas. Así la *yoni* queda completamente abierta y disponible. El ser amado es una persona para quien se siente una profunda estimación y respeto, y a quien la mujer se abandona gustosamente, sin temer ningún mal ni engaño. Y no sólo esto, le cede toda la iniciativa porque lo conoce a fondo y lo aprecia totalmente. Para el hombre, la mujer tan abierta puede ser causa de malestar, pero también puede entregarse a los placeres del amor, entrar en la oscura caverna del ser para reencontrarse a sí mismo. La caverna es un símbolo importante, indica el paso de las tinieblas a la luz, es un cobijo seguro, un refugio de los peligros y un lugar sagrado, una entrada al cuerpo de la gran Diosa Madre Tierra. En varias civilizaciones antiguas la caverna representa el mundo. En las *Upanishad* la caverna del corazón contiene el espíritu del hombre, el alma individual y el Atma, el espíritu universal.

Mantener una relación sexual en esta posición significa demostrar al otro una disponibilidad total para la unión, tanto con el cuerpo como con el alma, y el amante buscará la regeneración de sí mismo entrando en las profundidades de la mujer como si se encontrara en un lugar sagrado y se preparara para el encuentro con una divinidad.

Esta posición indica por parte de la mujer una plena disponibilidad con la pareja y una abertura total, sin reservas, incluso en el plano espiritual y mental. No siempre es posible, porque depende de la constitución física de los amantes. Si el hombre está excesivamente dotado, es decir, si es un hombre toro, podría causar daños a una mujer cierva o yegua, que tienen menos profundidad de *yoni*, mientras que sería idóneo con una mujer elefante. Y, al contrario, esta posición es satisfactoria para cualquier mujer cuando se une a un hombre no muy dotado, como es el hombre liebre, sobre todo si domina el ritmo de la danza de los movimientos.

PARA ELLA: entrégate con confianza total a tu amado.

PARA ÉL: respeta a la mujer que confía en ti de esta forma.

MENSAJE: en el amor, el abandono no es nunca una rendición.

19 - La posición indrani

En esta posición la mujer está con un hombro, o más raramente con los dos, apoyado en los cojines, las piernas juntas, o a veces cruzadas, y los muslos hacia los lados. El hombre, que se encuentra detrás de ella, entra en el jardín de las delicias penetrándola sin abrazarla. De este modo la *yoni* queda contraída y el amante obtiene un gran placer. No es una posición adecuada para una doncella que tiene sus primeras experiencias, a no ser que se utilicen ungüentos y cremas para facilitar la penetración. Si una mujer cierva se une con un hombre que posee un falo de grandes dimensiones, podrá frenar la penetración contrayendo los músculos, ya que en la posición *indrani* el *lingam* casi nunca entra completamente. Igualmente, una mujer con una profundidad de *yoni* mayor que el falo que le da placer podrá experimentar sensaciones más intensas contrayendo la vulva. Vatsyayana considera que esta unión es altísima, porque es favorable a las parejas del mismo tipo: mujer cierva con hombre liebre, mujer yegua con hombre caballo y mujer elefante con hombre toro, aunque en este último caso puede resultar cansada si los amantes son muy corpulentos y poco elásticos. Sin embargo, el placer que se experimenta justifica el intento. La mujer tiene la posibilidad de guiar parcialmente el ritmo de la danza moviendo la cintura y extendiendo las piernas, y sobre todo puede abandonar todo pudor, ya que el hombre no le ve el rostro y ella no se siente controlada. Esta posición es particularmente adecuada para las mujeres que disfrutan con un hombre imaginando que están con otro.

El significado de esta carta es que hay muchos recursos para gozar con el amante de forma despreocupada y divertida, incluso cuando no hay una relación sentimental profunda. De este modo no hay comunicación entre ambos, la mujer da la espalda al individuo que le da placer, no le ve el rostro, no le comunica sus emociones, sino que fija su atención exclusivamente en las sensaciones derivadas de la unión carnal.

Para ella: abandónate al placer puro del encuentro sexual sin ningún pudor.

Para él: recuerda que lo importante en la unión es divertir a tu compañera; para ello recurre a juegos nuevos y variados.

Mensaje: la pasión no ha de conocer el pudor.

20 - La posición del nudo

En esta posición la mujer rodea con las piernas la cintura de su amante y lo tiene apretado hacia ella estrechamente, como una serpiente en torno a un árbol, aferrándolo para que no se escape. La mujer puede estar tumbada cómodamente sobre los cojines con toda la espalda apoyada en la cama o también sentada. En el caso de una mujer cierva, la unión será satisfactoria con un hombre liebre. Los hombres con falo de grandes proporciones deberán prestar atención a no penetrar a la mujer completamente o de manera demasiado impetuosa para no causarle dolor. Y al revés, si un hombre liebre se acuesta con una mujer yegua o una mujer elefante, deberá intentar penetrarla al máximo, porque no es posible ayudarla a culminar su placer estimulándola con las manos y excitándola para suplir sus carencias físicas. Esta posición es particularmente adecuada para un hombre toro, porque la mujer se le entrega sin reservas y, apretándolo con las piernas, logra frenar sus asaltos y su ímpetu, y por lo tanto podrá prolongar el juego hasta que esté satisfecha. Aumentando y aflojando la presión de los muslos en la cintura de él, la mujer está en condiciones de guiar la danza a placer, y podrá evitar que su compañero se mueva pensando sólo en sí mismo. Además, al estar muy unidos, los amantes pueden encender la pasión besándose o susurrándose palabras excitantes, o simplemente observando cómo el placer se dibuja en el rostro de quien es el objeto de su amor.
El significado de esta carta es que la relación entre dos personas es un bien precioso, que debe conservarse y alimentarse a lo largo del tiempo, y que debe apretarse cada vez más, como un nudo. Pero no debe resultar agobiante para la pareja, ya que de ser así se corre el peligro de ver naufragar el deseo por culpa de los celos o de la posesividad. Seguramente, este tipo de unión presupone una pasión fuerte, un buen entendimiento sexual y el deseo de no perder a la persona que nos atrae.

PARA ELLA: mantente unida a tu amante, pero no lo agobies con presiones excesivas.

PARA ÉL: déjate llevar por la pasión hacia tu mujer y no temas ser prisionero de tu propio amor.

MENSAJE: el amor es un nudo que une dos destinos.

21 - La posición de las tenazas

Esta posición indica un interés notable por el aspecto puramente sexual del encuentro. La pareja comparte el placer de la unión, pero son independientes en la gestión de su propio placer. Concretamente, la mujer no permite a su compañero ser parte activa. El hombre está sentado en los cojines o echado boca arriba con las piernas separadas, y ella le da la espalda. Puede sentarse encima de él o tumbarse completamente. Se mantiene en equilibrio sujetándose a sus tobillos o apoyándose en la superficie de la cama. Alzándose en la danza del amor se produce un movimiento de dos cuerpos en forma de tenazas. En esta posición los amantes no se miran a la cara, y por tanto no se dan los elementos afectivos que determinan los besos y los abrazos, ya que sólo se observa la espalda y las nalgas de la pareja. Es una posición que implica una relación poco profunda. A menudo quien adopta esta posición tiene fantasías imaginando que hace el amor con otra persona que no es el compañero del momento.
Los movimientos del amor corren a cargo de la mujer, que puede cambiar el ángulo de entrada del *lingam* en el jardín secreto arqueando la espalda a placer, e imprimir el ritmo de la danza de los cuerpos. En esta posición el hombre está relajado y no realiza ningún esfuerzo. Al ser menos intensas las sensaciones que experimenta, puede ser positivo en el caso de una persona impulsiva, por ejemplo un hombre caballo o toro, que difícilmente consigue frenar la carrera hacia su propio placer. El hombre puede aumentar el placer de su compañera acariciándole la espalda y las nalgas.
Esta carta indica que la relación que se está viviendo necesita ser profundizada, ya que sólo la pasión no es suficiente para instaurar algo válido y duradero.

Para ella: analiza atentamente la relación que estás viviendo y plantéate si es lo que deseas, o si sería preferible tomar un camino distinto.

Para él: presta más atención a tu mujer, ya que cuando estáis juntos hay algo que no la satisface plenamente.

Mensaje: lo que aproxima también puede separar.

22 - La posición del lazo

En esta posición los dos amantes están echados cómodamente en la cama o en los cojines, uno al lado del otro, y su encuentro es paritario y armonioso. Según Vatsyayana, en la posición de lado, que también se llama «posición del lazo», el hombre debe tumbarse invariablemente sobre el lado izquierdo y la mujer sobre el lado derecho, en el caso de que la tome de cara para poderla besar y abrazar. En cambio, si el hombre decide entrar en la caverna de los tesoros pasando por detrás, con su amada dándole la espalda, le puede levantar una pierna o poseerla con ambas piernas extendidas. Esta unión es especialmente propicia para una mujer elefante que se acueste con un hombre con un falo no demasiado grueso. En efecto, apretando las piernas ella podrá disfrutar más de la penetración, a pesar de que el *lingam* no sea el adecuado para la medida de su *yoni*. Lo importante es que ambos estén de lado. Desde el punto de vista psicológico, esto manifiesta la intención de construir una relación duradera y estable, en la que se tenga en cuenta la personalidad de cada uno, su desarrollo interior y la voluntad de la pareja de no obstaculizar ni superar al amante, sino, al contrario, adaptarse a su paso.
Concretamente, en una relación de pareja positiva no debe haber rivalidades ni celos, que llevarían por fuerza a la incomprensión y a intentos de dominar al otro. Esta carta indica que el amor es un camino que debe ser recorrido conjuntamente, uno al lado del otro, tanto en los momentos felices, cuando se mira a los ojos del ser amado y uno se pierde en su mirada, como cuando algo nos preocupa y nos separa, y se toma la decisión de dar la espalda a la persona que comparte nuestra vida.
Sea como fuere es importante no alejarse nunca, e intentar en todo momento avanzar a un mismo paso.

PARA ELLA: cuando en el amor hay respeto, tu compañero está a tu lado, tanto en los momentos de pasión como en el día a día.

PARA ÉL: ten confianza en la posibilidad de armonizar vuestros pasos en el sendero de la vida, aprende a frenar o acelerar el paso para seguir a tu amada.

MENSAJE: el amor es un camino estrecho que se recorre uno al lado del otro.

23 - La posición de la yegua

«Y cuando una mujer retiene o fuerza el *lingam* en su *yoni* se tiene la posición de la yegua. Es una práctica que sólo se aprende con la experiencia.»
En los juegos del amor la mujer puede decidir, usando sabiamente los músculos de su vagina, acelerar o retrasar el placer del hombre, para que sea posible gozar ambos al mismo tiempo del amor. En esta posición la mujer se apoya con los brazos o los codos en un cojín, y toda la parte inferior del cuerpo alzada. El hombre, de pie detrás de ella, la sostiene con los brazos y, mientras tanto, se insinúa entre las piernas abiertas y la posee. El hombre tiene aquí un papel muy activo, ya que el movimiento depende de él. Sin embargo, no es él sólo quien gobierna la barca movida por el viento de la pasión, porque la mujer puede decidir, presionando o no los músculos, si deja entrar todo o sólo un parte del *lingam*, con lo cual controla el placer de su compañero.
Es una posición que se utiliza cuando la pasión es profunda y existe una clara propensión a los juegos eróticos. Es particularmente adecuada para la mujer yegua, que es desinhibida y amante de los placeres. También es cómoda para la mujer cierva, por su poca corpulencia. En cuanto a los distintos tipos de hombre, el que saca más partido de esta posición es el hombre toro, que puede ser contenido y guiado para frenar su temperamento impetuoso.
Esta carta indica que en el amor nada tiene un valor absoluto, y que lo que ha tenido un sentido hasta este momento puede cambiar de pronto. Una pareja está formada por dos individuos, y ambos deben contribuir a crear la armonía perfecta, no sólo en el terreno sexual, sino en la vida de todos los días. La mujer debe tener un papel activo, aunque a veces puede hacerlo desde la sombra, un poco a la sordina.

Para ella: no te tomes las cosas a pecho y actúa silenciosamente para crear la armonía que buscas con tu compañero.

Para él: cede a tu amada la iniciativa y no pretendas ser siempre tú quien mueva los hilos de la relación.

Mensaje: el amor verdadero es armonía.

24 - La posición de la caña

En este caso, la mujer yace con la espalda apoyada cómodamente sobre los cojines, levanta ambas piernas y las aguanta extendidas delante del cuerpo. El hombre puede dejarlas juntas, rectas como cañas al viento, o bien separarlas un poco, para favorecer la entrada de su *lingam* en la sala de los tesoros. Este tipo de unión es adecuada para todos los tipos de mujeres cuando se relacionan con hombres no excesivamente dotados, como por ejemplo un hombre liebre, sobre todo en el caso de que se una con una mujer elefante, porque ella, cerrando las piernas, estrechará su *yoni*. Sin embargo, la posición de la caña puede ser dolorosa si se realiza entre una mujer cierva, joven y con poca experiencia en las cosas del amor, y un hombre toro muy desarrollado, o un hombre caballo demasiado impetuoso. En todos los casos, el hombre deberá tener el máximo cuidado para no golpear con demasiada fuerza a la mujer, que podría no gozar plenamente de la unión. Al contrario que en la posición de la caverna, en la que la mujer se entrega con las piernas abiertas, este tipo de unión no presupone el abandono, por parte de la muchacha, de cualquier defensa intelectual, ya que el hecho de levantar las piernas le sirve para alejar de sí al amante. Para él, la caña también supone un poco de distancia, ya que entre la parte superior de su cuerpo y la mujer tiene una «barrera» constituida por las piernas de ella. Y esto significa que él tampoco se abandona totalmente, no corre el riesgo de descubrir el rostro de su compañera, y que quizá está más interesado en un encuentro de tipo sexual que en una relación realmente profunda. Por eso el significado de esta carta es de prudencia. Si la pareja elige con frecuencia esta posición, conviene analizar su actitud y su deseo de comprometerse a construir una relación seria, que vaya más allá del aspecto meramente sexual. Es asimismo oportuno concentrarse en la introspección y descubrir por qué uno no se quiere mostrar por completo al otro y siente el deseo de levantar barreras en lugar de aplanar el camino.

PARA ELLA: algo se interfiere entre tú y tu amante. Reflexiona un poco para saber si se trata de una disposición mental por tu parte.

PARA ÉL: te niegas a soltarte y no quieres aceptar la responsabilidad de una relación seria y profunda.

MENSAJE: en el amor conviene abandonar la prudencia.

25 - La posición del arado

La mujer está echada con los hombros y la espalda apoyados en una superficie alta, por ejemplo una mesa. El hombre está de pie delante de ella, y tiene la *yoni* a la altura justa, de modo que puede penetrarla sin esfuerzo: simplemente la toma abriéndole las piernas, que apoyará en sus hombros o aguantará con las manos, una a cada lado. De este modo, la mujer parece un arado, empujada por su amante campesino que la posee y la hace fértil como la tierra. La carta indica que a veces la pasión surge cuando menos se espera y, por tanto, debemos aprovechar las ocasiones que se presentan sin que las hayamos buscado. El deseo puede llevar a un hombre a aceptar un encuentro un poco violento, sin preliminares ni abrazos, entendido como un desahogo de la carne cuyo único fin es el placer. Normalmente, este tipo de posiciones son las que prefiere el hombre toro, que no sabe resistir a las provocaciones, y pasa a las vías de hecho y disfruta de la mujer de cualquier modo, en cualquier lugar en donde se le presente la posibilidad. La mujer cierva debe ir con cuidado porque las pequeñas dimensiones de su *yoni* pueden ser motivo de molestias si el hombre actúa con excesivo ímpetu. Es una postura muy indicada para relaciones ocasionales, que deben consumarse deprisa como un fruto prohibido, con personas que no se conocen a fondo y con las que no hay ningún intercambio de ternura. Según Vatsyayana, este tipo de abrazo es como «un caballo, que, una vez se ha desbocado, prosigue su avance con un impulso ciego, sin vigilar los fosos o los obstáculos que puede encontrar en su camino». Esta posición indica una gran pasión, que puede estallar imprevistamente incluso en los lugares más impensados: en la mesa del comedor, en el escritorio del despacho, en la camilla de la consulta del médico, con una persona con quien no existe una relación de amor y de afecto, y con la cual nunca se habría pensado hacer sexo.

PARA ELLA: aprovecha todas las ocasiones para gozar del abrazo, sobre todo cuando este surge de forma inesperada y no presenta complicaciones afectivas.

PARA ÉL: cuando te des cuenta de que la mujer te desea, no te hagas de rogar y haz que se estremezca con un encuentro de pasión verdadera.

MENSAJE: cualquier ocasión es buena para disfrutar.

26 - La posición comprimida

El hombre está sentado en una silla o en unos cojines con la espalda apoyada en una pared o en un respaldo, y la mujer se coloca encima de él, sentada en el regazo del hombre, comprimiéndolo e introduciéndose el *lingam* en la *yoni*. Es una posición en la que la mujer tiene un papel dominante porque es ella quien guía la unión y decide el ritmo que debe imprimir en el avance hacia el placer. Si lo desea, la mujer puede girarse de espaldas y apoyar la espalda en el pecho de él. Conviene precisar que para adoptar esta posición el hombre debe poseer un falo poderoso y bastante largo. Durante el juego del amor, el hombre aprieta ligeramente las piernas y se deja envolver completamente por las de la mujer, que se balancea dulcemente, apoyándose en el suelo con las puntas de los pies. Al tener las manos libres, el hombre puede acariciar a la mujer para darle todavía más placer. Vatsyayana explica que a algunas mujeres les gusta desempeñar el papel del hombre, sobre todo cuando la pasión de él es débil o está cansado. Entonces, la amante toma la iniciativa y lo posee, frotando todo su cuerpo contra el de él, balanceándose lateralmente para que el *lingam* presione solamente una parte de la *yoni*. Esto le permite realizar el golpe del jabalí, sacando completamente fuera el miembro a una cierta distancia, y luego haciéndolo penetrar con fuerza con un solo golpe, o agitándose frenéticamente con un movimiento rápido de vaivén, igual que el de la «caza del gorrión», o describiendo círculos con la cadera como si efectuase la danza del vientre. Según el autor del *Kama Sutra,* «por muy reservada que pueda ser una mujer, y por mucho que intente ocultar lo que siente, cuando se pone encima de un hombre manifiesta todo su amor y su pasión».
Esta posición indica que a veces la amante toma la iniciativa, sobre todo cuando el hombre está distraído o ya no le anima la pasión de los primeros tiempos.

Para ella: toma la iniciativa para reforzar vuestro amor y posee a tu amado. Será ameno y placentero, y una ocasión para afirmar tu personalidad.

Para él: deja que la mujer te muestre claramente sus inclinaciones y sus deseos, y secúndala.

Mensaje: en el amor, el dominado se convierte en dominador.

27 - La grieta del bambú

La grieta del bambú es una de las posiciones que Vatsyayana considera que deben ser adoptadas por personas expertas en los juegos del amor. En esta posición se puede lograr una penetración muy profunda, y el hombre puede controlar la intensidad de la relación, cogiendo a la mujer por los lados o por la cintura, y al mismo tiempo puede estimularla con los dedos para aumentar todavía más el placer. La grieta del bambú es adecuada para amantes que desean hacer el amor muy lentamente, buscando el placer sin ímpetu ni prisas. Es una evolución de la posición clásica en la que el hombre se coloca encima de la mujer. Ella, que puede estar echada completamente con la espalda en el suelo o apoyándose en los codos, separa las piernas para encontrar al amante, pero levanta una y la apoya en el hombro de él. Una vez ha sido poseída, después de algunas penetraciones del *lingam*, ella baja la pierna y eleva la otra, y procede así alternativamente. La «grieta del bambú» hace que la *yoni* se estreche, envuelva el miembro del hombre y lo masajee dulcemente. Cada cambio de pierna provoca una emoción nueva a los amantes, y un estremecimiento en el hombre, que se siente envuelto. Esta posición no es aconsejable para el hombre toro, porque puede adelantar la eyaculación y dejaría insatisfecha a la mujer. En cambio, es idónea para el hombre liebre, que puede aprovechar la abertura completa de la mujer para una penetración más profunda.

Esta carta indica que, después de un cierto periodo de estar juntos, los amantes crean una compenetración y un deseo de provocar placer al otro, que se refleja también en las posiciones adoptadas para la cópula. Al hacer el amor, cada uno intenta pequeños trucos para amplificar el placer del otro y prolongar la unión.

PARA ELLA: escucha a tu cuerpo y elige el momento adecuado para cambiar de pierna, lo volverás loco de placer, pero debes estar atenta y dosificar tus habilidades para no quedarte con la miel en los labios...

PARA ÉL: acepta con alegría los juegos que te propone tu compañera, pero intenta no perder el control.

MENSAJE: el juego es beneficioso para el amor.

28 - La posición del clavo

El hombre está totalmente echado en la cama, descansando sobre la espalda, con las piernas extendidas, ligeramente separadas. La mujer se le sienta encima y lo posee como si clavara un clavo en un trozo de madera. De este modo, la mujer domina porque puede decidir el ritmo de la danza del amor y guiar a placer la dulce batalla. Este tipo de mujeres no se contenta, sino que busca aplacar completamente sus deseos antes de permitir que su amante culmine sus deseos, con lo cual puede controlar completamente el ritmo, llevando el goce al paroxismo, deteniendo y reanudando el movimiento. El hombre no puede hacer nada y debe soportar pasivamente el movimiento de su compañera, sentada encima del pene. Todo lo que puede hacer el hombre es apoyar las manos en los hombros de la mujer, abrazarla o estimular con los dedos sus partes sensibles. A algunas mujeres les excita atar al hombre a la cama, vendarle los ojos y usarlo como un instrumento de placer, sobre el cual practicar todos los tipos posibles de juegos eróticos. A algunos hombres no les gusta sentirse presos y perder el control, pero otros aceptan gustosamente esta sumisión, que por otra parte implica tener pocas responsabilidades sobre la evolución de la relación. En el plano psicológico, se representa una especie de dulce violencia carnal, en la que el hombre está obligado a soportar todos los caprichos de su compañera, aunque ello le cause vergüenza o turbación, sin poder defenderse.
Esta carta indica que a veces en la relación quien manda y decide no siempre lleva los pantalones. Es el caso de las uniones con mujeres yegua de carácter fuerte y autoritario, que desean una pareja dependiente y sometida.

PARA ELLA: si fantaseas con la posesión, propónselo sin vergüenza a tu compañero; será una diversión agradable.

PARA ÉL: un poco de novedad hace el amor más excitante y refuerza la relación; acepta ser la víctima de tu amada y experimentarás sensaciones desconocidas.

MENSAJE: siempre se desea lo que no se puede hacer o tener.

29 - La posición de la langosta

Esta posición es adecuada para parejas que quieren cambiar la rutina al copular y experimentar algo innovador y original, y para aquellos que quieren sorprender a la pareja con una unión más vigorosa y «física» de lo habitual. En este tipo de unión la mujer está de pie, con el tronco totalmente doblado hacia delante, como si tocara las puntas de los pies con las manos, las piernas separadas y las manos apoyadas en el suelo. El amante entra en el jardín secreto por detrás de ella. Esta posición favorece una penetración muy profunda y enérgica, y la mujer debe ir con cuidado para no perder el equilibrio. El hombre también debe proceder con delicadeza para no causar a su compañera más dolor que placer. Si es hábil en el arte del amor, el amante logra danzar en el jardín secreto, alternando penetraciones rápidas con golpes profundos, sujetando a la mujer por los flancos y por la cintura, y marcando diferentes ritmos. A veces resulta un poco incómoda para la mujer, pero por otro lado le permite tener fantasías de cópula con desconocidos, porque no se mira directamente a la cara de la pareja. Las posiciones de espalda, como esta, imitan los acoplamientos de los animales y a menudo encienden la fantasía tanto del hombre como de la mujer. Además, si la mujer tuviera dificultades para alcanzar el cenit del placer, el hombre puede ayudarla estimulando las partes más secretas de la *yoni* con las manos. Por otro lado, al hombre le resulta particularmente agradable el contacto de su pelvis con las nalgas de su compañera. Esta carta indica que en el amor la fantasía no tiene límites y que conviene liberarse de las inhibiciones para gozar plenamente de la relación.

PARA ELLA: acepta jugar con tu compañero; así podrás recuperar la dimensión más verdadera de la relación, que siempre es una mezcla inseparable de fuerza y ternura.

PARA ÉL: no te acomodes a la rutina, e intenta estimular a tu compañera con nuevas ideas que puedan hacer un poco más picante cada momento de intimidad.

MENSAJE: la fantasía es el antídoto para el aburrimiento.

30 - La posición del fardel

Esta posición exige una gran confianza en el amante, que tiene el papel más activo, y de él depende el placer de ambos. Es una posición muy acrobática y cansada, especialmente para la mujer elefante, que difícilmente aceptará someterse a un ejercicio de este tipo, salvo si su amante es capaz de darle el máximo nivel de placer. Es adecuada para la mujer cierva con cualquier tipo de hombre, aunque un hombre toro muy fuerte puede ser el compañero más idóneo, precisamente porque su fuerza física le permite levantar a la mujer sin excesivo esfuerzo. La mujer está de espaldas al hombre y se apoya solamente en los brazos, los hombros y la parte superior del tronco sobre los cojines, boca abajo, mientras que el hombre la levanta por las piernas. Así, la mujer queda suspendida desde la cintura y sus rodillas se encuentran a la altura del rostro del amante, que entra en el reino secreto por detrás. De este modo, la *yoni* se estrecha y el placer está asegurado, incluso con un hombre liebre, de falo pequeño.

La carta indica que en el amor se necesita ante todo fantasía y confianza en la persona con quien se comparte la vida. La fantasía es importantísima porque ayuda a no caer en la rutina y a encontrar siempre nuevas posibilidades de alegría y diversión con la pareja, sobre todo en el terreno sexual. La confianza es indispensable cuando se delega al otro la realización de nuestro placer y se cede la administración de nuestro placer físico. La mujer está casi inmovilizada, y esta circunstancia puede turbar a las personalidades fuertes, acostumbradas a controlar siempre la situación, pero puede ser útil porque enseña a abandonarse al otro, una condición necesaria en una relación equilibrada y armoniosa.

PARA ELLA: confía plenamente en tu compañero, deja que sea tu punto de apoyo y la fuente de tu placer y entrégate sin reservas para mostrarle tu disponibilidad.

PARA ÉL: apoya a tu amada en todas las situaciones y respeta la confianza con la que ella se abandona a ti dándole alegría y pasión.

MENSAJE: la confianza es el cemento del amor.

31 - La posición del loto

Es una posición muy importante por el valor sagrado de la postura del loto, e indica que tanto en el amor como en la relación sexual hay un componente fundamental que nos distingue de los animales y nos acerca a los dioses. La mujer tiene las piernas en la clásica postura de yoga llamada del loto, es decir, cruzadas con los pies sobre las rodillas. El hombre la levanta por la cintura y entra en el jardín secreto, sentándola literalmente sobre su falo. Desde el punto de vista psicológico es importante considerar que la mujer es el origen de la vida, emisaria de la Diosa primordial, el espejo de Kalí, y el hecho de entregarse al amante nunca es fortuito o casual, sino que forma parte de un designio divino. Según la tradición tántrica, la mujer es el centro metafísico del encuentro erótico, y a su alrededor gira el proceso de obtención de placer, que es sagrado. La penetración tiene lugar con una intensidad y una concentración muy parecidas a las de una celebración religiosa. En la India, la energía sexual es sagrada. Todos los elementos del universo son vistos como el resultado de la unión de los opuestos, como acto sexual divino. En los templos, las divinidades también aparecen frecuentemente representadas y veneradas como parejas de amantes enlazados en la unión física. Es de destacar que la posición casi nunca es tumbada, sino sentada, de modo que el eje psicofísico interno se mantiene vertical. Esto permite vivir la unión como meditación, transformándola de instinto animal en práctica espiritual y evolutiva. En la tradición tántrica, la unión sexual es el fundamento de la propia estructura metafísica, y los amantes, Siva y Shakti, son modelos simbólicos de la conciencia y de la energía. Esta carta indica que en esta vía espiritual todo el universo nace de la unión sexual de la conciencia inmaterial con la energía creativa. En cada átomo de materia, la forma física de la energía esconde e implica un conocimiento interior. No existe materia-energía carente de su aspecto de conciencia inmanente.

PARA ELLA: reconoce en ti la divinidad y busca en tu compañero el opuesto con el que puedas recrear la armonía universal.

PARA ÉL: tu amada es tu mejor parte; junto a ella podrás convertirte en símbolo del mundo entero y de su divinidad.

MENSAJE: el amor es sagrado.

32 - La posición del espejo

Este tipo de unión es sustancialmente teórica, ya que sólo es factible por parte de amantes que tengan una notable elasticidad de movimientos, un sentido del equilibrio perfecto y una corpulencia muy parecida. Difícilmente podrán realizarla una mujer elefante y un hombre toro. En cambio, sí podrán ponerla en práctica una mujer cierva y un hombre liebre.

La mujer se coloca cabeza abajo, en equilibrio sobre las manos, y separa las piernas de modo que las rodillas estén a la altura de sus codos. El hombre se coloca encima, uniéndose a ella y apoyando las plantas de los pies en las de ella. Una variante de esta posición es con ambos tumbados con la espalda contra el suelo, permitiendo solamente el encuentro de la *yoni* y del *lingam*, además del contacto de la planta de los pies.

Esta carta tiene un sentido sobre todo simbólico: recuerda que toda la existencia es un acto creativo continuo que nace de la relación incesante de amor de la conciencia y la energía, de lo masculino y lo femenino, de lo negativo y lo positivo. Esta visión es la que se transmite desde la India hasta el Tíbet, y también en China, en donde adopta el símbolo del Tao, en el que las dos fuerzas polares Yin y Yang están en equilibrio perfecto. La visión taoísta es totalmente paralela a la tántrica, tanto por el saber que la esencia o conciencia se encuentra en toda manifestación de la existencia y, en consecuencia, también en el acto sexual, como por la comprensión de que todo nace del equilibrio de lo femenino con lo masculino. Precisamente, esta característica simétrica de los amantes, colocados uno sobre el otro, este sentido de la reciprocidad es lo que nos da el verdadero sentido de la carta, que nos indica el camino a seguir en nuestra realización espiritual. El hombre y la mujer son aspectos de la misma fuerza, momentos de lo existente que se deben armonizar en lo físico y lo espiritual. Y con frecuencia la armonía de la mente y del corazón está determinada por un buen entendimiento sexual.

Para ella: busca la armonía con tu pareja y recuerda que tú eres una parte esencial de la pareja; por lo tanto, reclama atención y respeto.

Para él: respeta a tu mujer como parte fundamental de la armonía cósmica y comunica todos tus deseos sin inhibiciones.

Mensaje: en el amor uno es la imagen del otro.

33 - La posición del pilar

El *Kama Sutra* y los textos eróticos orientales antiguos a menudo describen uniones en las que los amantes están de pie. Quizá esto se debe en parte a las enseñanzas de Vatsyayana sobre las relaciones sexuales con las mujeres de otros o con las mujeres del harén, relaciones que presuponen clandestinidad y celeridad.
En las decoraciones de los templos y los palacios sagrados de la India se observan muchas imágenes que hacen referencia a este tema. En esta posición, el hombre ha de apoyarse en una pared, mientras que la mujer, abrazada al cuello y aferrada al cuerpo del hombre con los muslos, desciende sobre el falo y se deja penetrar en suspensión. En nuestra cultura, esta posición es la que adoptan en ciertos casos las personas que ceden repentinamente a la pasión, en lugares prohibidos como son un despacho, un ascensor, debajo de unas escaleras, detrás de una puerta, en definitiva, en cualquier lugar en donde exista el peligro de ser descubiertos.
En este caso, la unión es favorable a un hombre toro o a un hombre caballo, que poseen una importante fuerza física, y la pareja idónea es una mujer cierva, ligera y ágil. Para una mujer yegua podría ser útil apoyar los pies en una pared mientras el hombre la sostiene. Con una mujer elefante esta posición es a todas luces incómoda, por no decir impracticable. Frecuentemente, los amantes se apoyan el uno en el otro, manteniéndose de pie. La unión es muy profunda, pero puede resultar difícil si hay diferencia de alturas.
Esta carta indica que el hombre amado es, desde el punto de vista psicológico y en la práctica, el punto de apoyo de la mujer, un factor de equilibrio y fuerza. También indica que no debe ser solamente una persona la que mantenga en pie la relación. En efecto, cuando en una relación amorosa todas las responsabilidades recaen en uno de los componentes de la pareja, este puede ceder y arrastrar la vida conjunta a la rutina.

PARA ELLA: no te apoyes totalmente en tu compañero y comparte con él las responsabilidades y las alegrías de la vida en común.

PARA ÉL: sé fuerte y apoya a tu compañera, pero no creas que eres de hierro. Pídele que también participe activamente en vuestra relación.

MENSAJE: la fuerza del amor sostiene el mundo.

34 - La posición suspendida

Estando los amantes ambos de pie, la mujer levanta una pierna que el hombre sostiene con un brazo. Así el amante entra en el jardín de las delicias. Esta posición se recomienda a personas que sean de la misma altura, pero es totalmente desaconsejable para el hombre liebre, pues, al estar poco dotado, no sería capaz de penetrar a la mujer en profundidad. En cambio, es muy adecuada para un hombre toro, quien, a causa de la dificultad de concentración, conseguirá frenar su ímpetu y hacer gozar a su compañera. Durante la penetración, que en esta posición no puede ser muy profunda, la pareja puede excitarse con besos, caricias y frotamientos.
Esta carta muestra que incluso una relación ocasional provocada por un repentino surgir de la pasión o con una persona por la cual no se alimenta ningún sentimiento puede tener su importancia y contribuir a desvanecer algunos miedos, ayudar a entender mejor una parte de sí mismo o a definir algunos problemas interpersonales; en una palabra, puede acercar el yo real al yo ideal mediante una mayor confianza en uno mismo, una disminución de la dependencia, una mejor capacidad de relación con el otro sexo y un mejor rendimiento físico general. Esto no significa que deba buscarse obligatoriamente situaciones con otras personas al margen de la pareja para reactivar la pasión cansada. Para las parejas que llevan mucho tiempo juntas, puede ser excitante dar tienda suelta a la fantasía, imaginando que se hace el amor con alguien que no es el compañero del momento, viajando con la mente, aunque en realidad se esté apoyado en el frigorífico de casa.
Esta carta indica que todas las ocasiones son válidas para una relación sexual, incluso en un rincón oculto del jardín, en la bodega, en el despacho, en definitiva, en un lugar prohibido en donde existe la posibilidad de ser descubierto, y es una posición adecuada para adoptar con un desconocido.

Para ella: cualquier ocasión es buena para gozar con tu compañero; provócalo y el amor recuperará la pasión de los primeros días.

Para él: no te acomodes en la relación; sorprende a tu compañera con la fuerza de tu deseo.

Mensaje: si la pasión es fuerte, el amor está vivo.

35 - La unión de la vaca

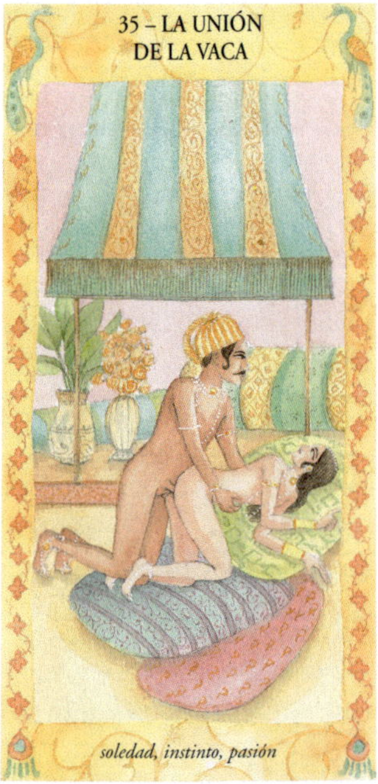

Recordemos que en la India la vaca es un animal sagrado. Por tanto, este tipo de unión no tiene ninguna connotación negativa. La mujer está arrodillada, apoyándose en las palmas de las manos o en los codos, y muestra el trasero al hombre. Este entra en el reino secreto sujetándola por los hombros y penetrándola con fuerza y profundidad. Es una de las tantas posiciones que tienen el punto de partida en el mundo animal y que demuestran que la fantasía de los amantes no conoce límites en lo relativo al placer.
Todos los tipos de hombre pueden gozar plenamente de la relación, pero, en cambio, no todas las mujeres pueden hacerlo.
Concretamente, una mujer cierva podría sentir más dolor que placer con las acometidas de un falo poderoso como el de un hombre toro. Y, al contrario, una mujer elefante logrará sentir más al hombre, aunque este sea un hombre liebre con miembro estrecho y de dimensiones reducidas. Además, el hombre, al tener las manos libres, puede tocar los senos de la mujer y excitarla acariciándole la espalda y las nalgas.
Durante la penetración, que en esta posición puede ser particularmente profunda, la pareja puede balancearse ligeramente hacia delante y hacia atrás.
Esta carta indica que en la relación no hay una comunicación completa, ya que los amantes no se miran a la cara, no pueden besarse y tienen muy limitados los abrazos y los gestos afectuosos. Pero la pasión tiene sus leyes, y en el momento de la unión a menudo la persona se encuentra sola, gozando plenamente de su placer, sin lograr comunicárselo al otro. El juego se vive en el plano físico, sin grandes responsabilidades por parte de ninguno de los componentes de la pareja.

PARA ELLA: da la espalda a tu compañero, si quieres, pero no renuncies nunca al placer y a la pasión.

PARA ÉL: despierta al animal que llevas dentro, pero sin perder el respeto hacia tu mujer.

MENSAJE: el placer no tiene fronteras.

36 - El abrazo unido

En la cultura hindú esta unión se da cuando un hombre se acuesta con dos mujeres. En efecto, en la cultura hindú era frecuente que los propietarios de los harenes disfrutaran con dos esposas o concubinas a la vez para aumentar el placer. En algunas ocasiones, una mujer con más experiencia en las cosas del amor participaba con el objetivo de instruir a la joven.
En cambio, en Occidente esta práctica sexual suele estar condenada, aunque existen locales en donde se practica el intercambio de parejas y el marido puede hacer el amor con otra mujer bajo la mirada de su esposa, y viceversa. Sin embargo, ocurre con más frecuencia de lo que se pueda creer que un hombre se acuesta con una mujer real y, al mismo tiempo, con otra imaginaria. Del mismo modo, cuando una mujer está haciendo el amor con su compañero puede cerrar los ojos e imaginar que es poseída por un chico más joven conocido o no, por un actor, el jefe de la oficina, un policía, o el lechero... En el sexo todo es lícito, pero en lo que respecta a las fantasías eróticas raramente se pueden confesar hablando abiertamente con la pareja. La ley del deseo hace que durante la cópula los amantes imaginen escenas o proyecten sus fantasías en la persona real. No todo el mundo acepta esta práctica, pero ciertamente anima la pasión y hace más estimulantes los encuentros.
La carta indica que la relación sexual no se limita solamente a un conjunto de gestos mecánicos, sino que exige la participación de la mente, que se convierte en el escenario en donde se recitan papeles prohibidos. Y aunque uno de los dos se dé cuenta de que su pareja está perdida en las fantasías, no debe ofenderse, sino aceptar esta circunstancia como una condición fundamental de la unión.

Para ella: no sientas celos por las fantasías de tu compañero y acepta el placer que te da, a pesar de que sepas que imagina a otra mujer.

Para él: en el momento del éxtasis ten cuidado de no llamar a tu mujer con el nombre de otra, porque vuestra relación lo pagaría.

Mensaje: el abrazo se produce en primer lugar en la mente.

37 - El abrazo de la manada de vacas

En Occidente esta unión casi no se puede ni proponer, porque se considera inmoral poseer un harén y beneficiarse de varias mujeres al mismo tiempo. En la India y en otros países en donde se acepta la poligamia, los ricos, los nobles y los poderosos pueden tener a su disposición varias esposas y concubinas, y ocurre frecuentemente que para excitarse quieran relaciones carnales con varias mujeres al mismo tiempo. Raramente son esposas legítimas, ya que este tipo de placeres son más asequibles con cantantes, bailarinas y profesionales, que no muestran rivalidad ni celos. Por otro lado, es improbable que un hombre solo sea capaz de satisfacer plenamente a varias mujeres. Por consiguiente, durante los juegos amorosos estas se entretienen entre ellas y dejan que el hombre las mire mientras se dan placer. En cambio, en el caso de las esposas legítimas, cuentan los textos antiguos hindúes que una unión de este tipo puede darse cuando un rey desflora a una esposa nueva y requiere la ayuda de las otras esposas para preparar a la chica para este acontecimiento. Para nosotros esta imagen tiene una gran carga psicológica. Indica la incapacidad del amante de contentarse con una sola persona y el deseo de poner a prueba su vigor y su fuerza relacionándose con varias mujeres y satisfaciéndolas a todas. Muchos hombres tienen esta fantasía. En el terreno de la imaginación erótica es frecuente que el hombre desee sentirse el centro de atención e imagine que está con un grupo de mujeres que no sólo lo besan y lo acarician, mientras él las va poseyendo de una en una, sino que también lo excitan con sus juegos.
Esta carta indica que el hombre que tiene estos pensamientos es profundamente inmaduro y no desea comprometerse en una relación. Además, no tiene en gran estima a las mujeres, a las que ve más como objetos de placer que como personas.

Para ella: no indagues en las imaginaciones eróticas de tu hombre porque podrías llevarte una sorpresa desagradable.

Para él: procura no expresar tus fantasías eróticas porque ninguna mujer desea compartir su ser amado con otras, ni tan siquiera en la imaginación.

Mensaje: la pasión verdadera tiene un solo objeto.

38 - La doncella

Según la mentalidad hindú, la doncella todavía no ha conocido sexualmente al hombre, y por lo tanto es virgen. Siendo inexperta en el arte del amor, puede compensar esta carencia con la picardía y actuando como una mujer que ya ha vivido plenamente el sexo, cuando en realidad no es así. Este comportamiento puede llevar a engaño al hombre, quien, sorprendido por la falta de pudor de la joven, puede intentar aprovecharse. El hombre se comporta con ella como si fuera una persona ya conocedora de los placeres de la vida, pero luego descubre en sus ojos el miedo que precede al paso que convierte a una muchacha en mujer. Si el hombre quiere seducir a una doncella, debe ser muy cauto y delicado, controlando en todo momento su pasión. Primero se contentará con tocamientos fugaces, luego la abrazará y la besará con delicadeza. Una mujer muy inexperta no puede ser sólo poseída: antes debe ser seducida. Vatsyayana afirma que «por grande que sea la pasión con la que un hombre ama a una doncella, su triunfo se cimienta en una gran profusión de palabras. Finalmente, cuando el hombre se da cuenta de que la chica está completamente enamorada de él, podrá empezar a gozar de ella». La joven, por su parte, fingirá timidez, se dejará tocar sólo un poco, no cederá a la primera solicitación e intentará resistir a los esfuerzos que él hará para poseerla de inmediato. De este modo, ella incrementará el deseo del amante y se asegurará su interés. En la cultura hindú, las nodrizas o mujeres expertas enseñan estas artes a las adolescentes para encontrar un marido ardiente y generoso, o para asegurarse un hombre que tenga una fortuna suficiente para llevar una vida holgada.
Esta carta indica que hay que reencontrar la parte juvenil que se halla en nuestro interior y abandonarnos con alegría y picardía al juego de la seducción, valorándolo como si fuera la primera vez.

PARA ELLA: al hombre le gusta seducir; por tanto, en el juego del amor sé tímida y retraída, y acentuarás su pasión.

PARA ÉL: el deseo por una mujer inexperta puede llevarte a cometer imprudencias; no te metas en problemas con chicas demasiado jóvenes.

MENSAJE: el afecto abre la puerta a la pasión.

39 - La intermediaria

Ocurre a veces que un hombre se enamora de una mujer a la que no puede poseer, porque es la mujer de otro, es una desconocida o por otros motivos. Así, es posible que se necesite la mediación de una tercera persona. Esta es casi siempre una mujer, amiga o familiar de la amada, que recibe el encargo de presentar al hombre. De él canta las virtudes, alaba su porte físico, la fuerza, el intelecto, la capacidad sexual y, por qué no, también el patrimonio. Vatsyayana cree que la intermediaria ha de conocer la vida de la mujer, hablarle mal de su marido y alabar las virtudes del amante, creando así una comparación favorable con este último. El objetivo de la intermediaria es propiciar un encuentro entre los dos en un lugar muy concurrido, de manera que puedan verse y hablarse, pero sin acostarse inmediatamente, o bien organizar una fiesta en casa de un conocido y hacer lo posible para que nazca la pasión. La intermediaria entregará cartas y mensajes, avisará al otro de la hora del encuentro y decidirá el lugar. En el mundo occidental, este papel corre a cargo de la amiga de la mujer, pero en Oriente la intermediaria es una figura profesional, pagada para convencer a la mujer y para urdir intrigas amorosas. Según el autor del *Kama Sutra* hay varios tipos de intermediaria: «Una mujer astróloga, una criada, una mendiga o una artista están muy al corriente del trabajo de intermediaria del amor y saben ganarse fácilmente la confianza de las mujeres». Este tipo de personas conoce el arte de excitar la imaginación y de doblegar la voluntad, de exaltar las virtudes y de convencer para entregarse al amor.
Esta carta indica que la pasión que agita el ánimo necesita una ayuda para materializarse y, por lo tanto, hay que pensar en las personas que pueden ayudar a coronar finalmente el deseo de unión de los amantes.

PARA ELLA: a veces se requiere la ayuda de una persona desinteresada para lograr los objetivos marcados. No caigas en la desesperación. La pasión que te quema por dentro puede ser vivida buscando el apoyo de una amiga.

PARA ÉL: si quieres ver realizado tu sueño de amor, no descuides ningún detalle ni dudes en servirte de alguien que pueda allanarte el camino.

MENSAJE: en el amor, todos los artificios son lícitos.

40 - La cortesana

La cortesana es una mujer que ha hecho de las relaciones sexuales su forma de ganarse la vida. Obviamente, este tipo de mujer puede tener una relación sentimental con un hombre, pero lo más frecuente es que conceda sus gracias a cambio de una compensación. Al no estar comprometida con nadie, la cortesana es imparcial. Sus favores implican, sobre todo, una relación libre de vínculos sentimentales basada en las artes eróticas, que la mujer domina a la perfección. La cortesana cultiva su cuerpo como un jardín, lleva vestidos refinados, usa perfumes seductores, no es vulgar ni demasiado curiosa. Según el autor del *Kama Sutra* hay varios tipos de mujeres que ejercen este oficio: las que van con muchos hombres, atrayéndolos desde la ventana o desde la puerta de casa, y las que buscan a un hombre rico que las mantenga. En este segundo caso, la cortesana deberá comportarse con el amante casi como una esposa, es decir, debe cuidarlo, escucharlo, aconsejarlo, animarlo y acompañarlo en las ocasiones mundanas.

Esta carta indica que es necesario reflexionar sobre el tipo de relación que se ha instaurado, o se pretende instaurar, con el hombre. En efecto, muchas mujeres buscan hombres bien colocados para que las mantengan, evitando así la responsabilidad de trabajar para ganarse el sustento y, al mismo tiempo, la de tener que cuidar de una familia. Es una elección como cualquier otra, pero que comporta algunas dificultades. En efecto, la mujer que decide venderse pierde la posibilidad de expresar plenamente sus emociones, debe tener un comportamiento intachable, no puede mostrar rabia ni indiferencia a su pareja, debe escucharlo sin manifestar opiniones, aceptando cualquier petición, y estar siempre disponible para los juegos del amor. Un punto importante es que la cortesana no debe entrometerse jamás en las cuestiones familiares de su hombre, ni estar celosa de la esposa o de otras mujeres.

PARA ELLA: muéstrate complaciente con tu amante, porque de él depende tu bienestar, pero conserva la dignidad personal y no vendas tu alma.

PARA ÉL: has de saber que cuando una persona concede amor a cambio de dinero nunca es sincera, pero no la desprecies, porque este tipo de amor a veces es más gratificante que una unión aburrida aunque legal.

MENSAJE: aparte del deseo, el beneficio también cuenta.

41 - El dinero

Desde siempre, si un hombre quiere conquistar a una mujer tiene que realizar algunas «inversiones». Ante todo debe regalarle flores, obsequios valiosos, joyas, comidas refinadas, diversiones. Si la relación que se instaura entre ellos se hace sólida, el hombre debe ocuparse de que no le falte de nada, empezando por una casa bonita con todas las comodidades, y satisfacer todos sus caprichos. Por el contrario, si ella prefiere ser independiente y ganar dinero para contribuir en el presupuesto familiar, una parte de los ahorros debe destinarse a alguna actividad atractiva para compartir entre los dos, como por ejemplo un viaje, unas vacaciones, una compra significativa, un fin de semana romántico. De todos modos, la mujer no debe pretender regalos o sacrificios insostenibles, y debe saber contentarse más que por el valor económico por el gesto que representa. Además, si ella se encarga de gestionar el patrimonio familiar, debe ahorrar en la medida de lo posible, evitando el derroche y los abusos y concentrándose, en cambio, en las posibilidades de inversión de los ahorros, en previsión de gastos futuros.
Esta carta indica que en la relación entre dos personas también intervienen los intereses y que es necesario no confundir el verdadero cariño con algo menos noble, relacionado exclusivamente con el dinero. El principal motivo de discusión y conflicto, especialmente en parejas que llevan muchos años juntas, es el dinero, que actúa como una especie de catalizador de todos los malos humores. El dinero es una parte fundamental en el juego de la seducción, pero no debe ser el aspecto preponderante, puesto que si lo fuera, no sería amor sino profesión. Si este fuera el caso, un hombre es libre de pagar los servicios de una mujer, pero no debe hacerse la ilusión de que lo recibido a cambio sea un sentimiento sincero.

PARA ELLA: no te aproveches de la generosidad de tu compañero e intenta usar el dinero con sentido común.

PARA ÉL: si realmente quieres conquistar a la mujer de tus sueños, no seas avaro y demuéstrale que para ti vale mucho.

MENSAJE: la verdadera riqueza reside en el corazón.

42 - Afrodisiacos

Cuando el físico está en horas bajas, el deseo ha menguado o tiene poca fuerza, a veces estas carencias se pueden remediar con algunos «trucos».
Comidas refinadas, bebidas embriagadoras, perfumes penetrantes pueden considerarse afrodisiacos, capaces de suscitar el deseo sexual y estimular la fantasía de la pareja.
El autor del *Kama Sutra* se extiende hablando de raíces, hojas y polvos usados en la India, que pueden ayudar en el juego de la pasión, pero todos estos ingredientes son casi imposibles de encontrar en Occidente. Desde los albores de la historia y en todos los continentes, el hombre se ha interesado por los afrodisiacos. Pueblos de culturas y civilizaciones muy diferentes han elaborado pociones y filtros de amor para seducir y encantar al sexo opuesto, así como para mejorar el rendimiento amoroso. Se atribuyen propiedades afrodisiacas a algunas comidas, como los crustáceos (langosta, gambas, etc.), las trufas, las setas, la caza, pero bien es cierto que no existen pruebas que demuestren que aumentan realmente el deseo sexual.
Muchos afrodisiacos tradicionales hoy en día han caído en el olvido, se consideran ridículos o su eficacia ha sido desmentida. Esto es lo que ocurrió con las perlas, muy usadas en la cultura hindú porque se creía que eran capaces de hacer capitular a cualquier mujer que las bebiera pulverizadas en el vino, o con el cuerno de rinoceronte o los testículos de tigre blanco. El único afrodisiaco que funciona siempre es la fantasía, el deseo de gozar conjuntamente de los placeres de la vida y de compartir este placer con la persona amada.
Esta carta indica que la relación está pasando por un momento estático y que hace falta encontrar alguna solución para revitalizarla y lograr que sea de nuevo estimulante y vital como al principio.

PARA ELLA: abandónate con placer a las atenciones de tu pareja y deja de lado los malos pensamientos: el amor es un tónico potente.

PARA ÉL: intenta recuperar la energía de antaño y vuelve a cortejar a tu amada; ella te lo agradecerá y la relación mejorará.

MENSAJE: el único afrodisiaco verdadero es la fantasía.

43 - El arco

En la cultura hindú, los grandes guerreros aparecen frecuentemente en los retratos con un arco en la mano en posición de tiro, cazando o luchando. Los mejores arqueros son los que tienen paciencia y mano firme, que tienen claro su objetivo y saben soportar la tensión. El tiro con arco es una de las 64 artes del *kama*, también apta para las mujeres. Sin embargo, el tiro con arco no tiene solamente una función práctica, sino que también es un importante ejercicio espiritual. Esta arma es uno de los emblemas reales. Además de ser un arma de combate, el arco se usa como instrumento para alejar los influjos negativos. Había arcos construidos con madera de melocotonero, en los que se empulgaban flechas de artemisa o majoleto. En ciertas ceremonias se disparaban estas flechas tan especiales a los cuatro puntos cardinales, hacia arriba para llegar al cielo, hacia abajo para tocar la tierra, con el propósito de eliminar las fuerzas del mal. Las flechas también podían usarse como objeto de sacrificio, como ofrenda, tal como narra el Râmâyana a propósito de Parashu-râma. La flecha es comparable al rayo y, en consecuencia, se convierte en un instrumento de conocimiento.
Entre el arco y el abrazo pueden establecerse muchas analogías: el arco, como representación simbólica de Visnú, es el *tamas*, el aspecto destructor de la realidad que está en el origen de la percepción de los sentidos; Kâma, el dios del amor, está representado por 5 flechas (los sentidos); finalmente, la flecha también simboliza a Siva y, por extensión, al falo. En muchos otros mitos, el dios que lanza flechas con un arco tiene un poder fecundante. El acto de disparar una flecha simboliza el coito.
Esta carta indica que alguien ha generado en nuestra imaginación un fuerte deseo: la conquista del amado se convierte en el objetivo principal de todas nuestras acciones.

Para ella: en el juego del amor resulta agradable convertirse en el blanco de la flecha de la pasión.

Para él: plantéate metas que puedas alcanzar si confías en tus capacidades y en tu poder de seducción.

Mensaje: quien tiene confianza da en el blanco.

44 - La lámpara

En el juego del amor el ambiente desempeña un papel fundamental, sobre todo la iluminación. Para los amantes, la mejor luz es la del día, pero cuando esto no es posible hay que recurrir a la lámpara y a otras fuentes de luz. Para los encuentros amorosos muchos prefieren, en lugar de un solo punto de luz directa desde arriba, varios puntos de luz, más débiles pero que creen un juego de sombras más relajante, cómplice y acogedor.

En este contexto la lámpara adquiere una importancia fundamental: su luz no ilumina totalmente pero no oculta, con lo cual también ayuda a los más tímidos a vencer sus temores. Las lámparas más adecuadas para los encuentros amorosos son las que llevan velas o luz de llama viva que pueda imitar los movimientos de los amantes. Son muy adecuadas las lámparas antiguas, con bombillas de poca potencia y pantallas de colores que pueden ser rosa o crema, que aportan unos matices especiales a la atmósfera. No son en absoluto recomendables las lámparas halógenas, ya que dan una luz artificial muy fuerte, cortante, aséptica.

Esta carta indica que la relación necesita un poco de luz para buscar al otro y valorarlo mejor. La lámpara con una llama que arde simboliza la pasión que une a los amantes, pero tanto la luz como la pasión han de ser alimentadas para que no se apaguen. Además, en los juegos del amor uno debe descubrirse, ponerse a la luz para dar a la pareja la visión de uno mismo en los momentos de intimidad, física o psicológica.

Para ella: la luz de tu amor debe iluminar los días de tu amado y alejar la oscuridad y la duda.

Para él: mantén encendida la lámpara de la pasión si quieres conservar íntegra la relación con la mujer a la que amas.

Mensaje: la luz del amor alumbra la vida.

45 - El lingam

En sánscrito, *lingam* significa «signo». La raíz etimológica es la misma que *langalâ*, que significa «arado». En efecto, el *lingam* es el símbolo de la reja del arado que surca la tierra e indica, por extensión, el falo. Representa al dios Siva como constructor y procreador, que suele ser venerado por medio de su símbolo fálico, aquí llamado *Lingaraj.* Por sí solo el miembro masculino no tendría ninguna importancia: su valor reside en la dualidad con la *yoni*, el símbolo sexual femenino. En la India antigua, Siva, el dios que encarna la energía masculina, era representado con un *lingam*, un falo en erección, de piedra, mármol u otros materiales, incluso hielo (como en Amarnath), mientras que Shakti o Parvati, su consorte, es venerada en forma de una *yoni*, de forma ovalada o circular, en referencia a la anatomía sexual femenina. En muchos templos podemos encontrar estos dos símbolos unidos y compenetrados, y se veneran como imagen de lo divino. En la India existen muchísimas representaciones del *lingam:* son piedras colocadas en las cumbres de la montañas o, en cualquier caso, en lugares altos, sobre los cuales los fieles vierten agua, que simboliza el poder fecundador del dios, o *ghee*, una mantequilla clara que se usa en los sacrificios destinados a las divinidades. Otros *lingam* más pequeños se encuentran en los cruces, en los centros de los templos, en los patios de las casas de las familias acomodadas, para recordar que la unión sexual tiene un carácter sagrado. El *lingam* está fuertemente unido a un zócalo que le sirve de base y que representa la *yoni.* Muchas mujeres hindúes llevan en el cuello una joya que parece una cajita o un cofre minúsculo que contiene un pequeño *lingam* de oro, plata, piedra o madera, y al que otorgan poderes de amuleto y para favorecer la fertilidad. Esta carta indica la fuerza masculina que mueve el mundo, que es sagrada si se une a la fuerza femenina, y que nunca debe buscar la dominación o la sumisión, ya que en este caso la relación se rompe.

PARA ELLA: domina tu lado masculino y no impongas siempre tus deseos a tu pareja, a quien quizá no le gusta estar en posición de sumisión.

PARA ÉL: no te excedas en tu comportamiento machista, porque te arriesgas a perder a la mujer que amas; sé amable y dispuesto.

MENSAJE: el hombre no es nada sin la mujer.

46 - La flor de loto

El loto es una flor preciosa que crece en los remansos de las aguas; en todo Oriente representa la pureza no contaminada por la suciedad del mundo. «Del mismo modo que un loto puro, maravilloso, no está manchado por las aguas, yo no estoy manchado por el mundo.» *(Anguttaranikâya).*

Por otro lado, representa la abertura espiritual, porque nace en las oscuras profundidades del fango y se abre a la luz del sol. Por eso, en el mundo hindú, quien podía permitírselo ordenaba construir un estanque en el jardín, donde cultivaba flores de loto de varios colores.

Esta flor simboliza, además, las posibilidades y el potencial de cada uno, ya que el capullo de esta planta cuando todavía está cerrado recuerda mucho la forma de un huevo, que luego se abre y muestra su potencial.

Según los hindúes, el corazón también es un loto cerrado, y cuando se abre puede mostrar cuáles son las posibilidades del hombre. La persona honesta ha de ser recta y firme en sus propósitos, como el tallo del loto, y así podrá disfrutar de la prosperidad, de tantos hijos como semillas tiene la flor de loto y del amor conyugal perfecto, ya que en el mismo tallo normalmente crecen dos flores.

Cuando el loto está asociado a la relación sexual representa su carácter espiritual y sagrado. Mediante la unión de los cuerpos, el hombre y la mujer, imitando la sagrada sexualidad de los dioses, pueden alcanzar el fin supremo de la evolución y la comprensión de los misterios de la vida.

Esta carta indica que el amor de verdad no es sólo un juego de pasiones o, peor todavía, de conveniencias, sino un sentimiento importante que debe mantenerse puro e intacto, sin ser corrompido por emociones negativas como los celos o la envidia, ni tampoco atacado por el aburrimiento y la fuerza de la costumbre.

PARA ELLA: sé para tu amante embriagadora como el perfume del loto, y él te será siempre fiel.

PARA ÉL: no ensucies la perfección de tu amor con el agua pútrida de sentimientos mezquinos y tu unión estará bendecida por la fortuna.

MENSAJE: el amor verdadero es puro y divino.

47 - La luna

La luna está ligada desde siempre a la noche. Es cómplice de los encuentros secretos y clandestinos y de los gestos de los enamorados. También es un símbolo muy importante del secreto y la intimidad, además de indicar algo sobrenatural que se mueve en nuestras vidas.
En muchas civilizaciones la luna es una diosa, que actúa en el terreno de lo oculto, de la magia, y también de la potencia sexual y del deseo que hace perder la cabeza.
Este astro representa el misterio, el sueño, el inconsciente, el territorio de la atracción «fatal» entre dos personas. Por extensión, también está relacionada con los rituales mágicos con los que se trata de ligar al ser amado. La luna es símbolo del ciclo de la vida: el nacimiento, la muerte y el renacimiento, y por eso es emblema de eternidad y de renovación.
En el mundo hindú se dice que los dibujos de la superficie de la luna llena representan una liebre, en recuerdo de la asociación de este animal con divinidades lunares y con algunas diosas. La mujer también tiene una relación muy estrecha con la luna: el ciclo lunar, al igual que el ciclo menstrual, está ligado con la fertilidad y representa el inconsciente y la imaginación, en los que el amor nace y se desarrolla, prescindiendo de la voluntad de ceder a la pasión, de la racionalidad y del pensamiento consciente. La luna representa, además, la divinidad de la mujer y su capacidad de dar la vida, que reproduce los principales atributos de la Diosa Madre.
Esta carta significa que entre los amantes hay algo profundo, un sentimiento importante que no depende de la atracción sexual, una pasión misteriosa que sabe mover los lugares más recónditos del inconsciente, que empuja a uno hacia el otro y que hace encontrar en la vida real a la pareja que se ha conocido en los sueños, como por arte de magia.

PARA ELLA: sé para tu amante la luz que indica el camino y la oscuridad que lleva a la meditación.

PARA ÉL: tu mujer tiene un lado claro como la luna llena y un lado oscuro como la luna nueva, y tu amor debe abarcarlos a ambos.

MENSAJE: el amor es misterioso como la luna.

48 - El velo

El velo indica el deseo de esconder y disimular cosas preciosas y secretas. Por lo tanto, el hecho de quitarlo implica la revelación de un conocimiento, de una iniciación, como en el caso de la rotura del himen, también llamado «velo de Parvati». En muchas culturas, las mujeres vírgenes se protegen de las miradas de terceros con un velo, que las identifica como intactas y puras. El hombre que las ama sólo puede apartar el velo después de haber oficiado el rito del matrimonio y de haberse convertido en su amo, no solamente desde el punto de vista físico, sino también adueñándose de su corazón y de su mente, enseñándoles los placeres de la vida en pareja.
Muchas veces en la iconografía hindú, la joven esposa que todavía no ha consumado el matrimonio con su marido aparece representada con un velo, que significa la ignorancia de las cosas de la vida que ya conocen las mujeres casadas, que difícilmente ocultan el rostro detrás de un velo. Estas se limitan a cubrirse la cabeza y el pelo, en señal de pudor y de la honorabilidad de su estado. Las mujeres públicas y las cortesanas no llevan velo, pero se adornan el pelo, que consideran un instrumento de seducción,
con perlas, joyas o guirnaldas de flores.
En la iconografía hindú, retirar el velo y descubrir así el cuerpo desnudo significa acceder al conocimiento, como demuestran las representaciones de la *sarasundarî*, mensajera de Devî, que muestra sus gracias a quien quiere mirar más allá de la apariencia, el velo de Maya, y entender los secretos de la vida.
Esta carta significa que una parte de ti todavía está oculta y no deseas mostrarla a la pareja. Quizás es por timidez, por pudor, o quizá son aspectos de tu carácter que prefieres guardar ocultos, como un rostro detrás del velo.

PARA ELLA: desvela sin pudor tu alma al ser amado y ganarás su afecto y su confianza.

PARA ÉL: respeta la intimidad de tu mujer y no la obligues a mostrarse por completo; el misterio forma parte del juego del amor.

MENSAJE: detrás de las apariencias se esconde el deseo más verdadero.

49 - El estanque

El agua es un símbolo muy importante que nos remite a la madre y conduce a la mente a los orígenes de la existencia, cuando todos nosotros en el origen de la vida nadábamos en la sustancia cósmica. El agua redime, consuela y tiene un importante valor sagrado. En la India, el agua recibe el nombre de *Pakriti*, que significa materia prima e identifica el origen de todas las formas de vida, tanto en sentido físico como en sentido mental. A algunas personas les gusta tener en el jardín un estanque en miniatura y se esfuerzan en reproducir las condiciones de un lago natural, con peces de formas elegantes que nadan entre las plantas acuáticas, ranas y sapos que llenan la noche con su croar, con pájaros que acuden a bañarse, con una espesa vegetación, flores de loto y ninfas. En la casa hindú el estanque es un lugar muy importante del jardín, que se estudia y se proyecta con meticulosidad, se conserva siempre limpio, porque permite refrescarse cuando hace bochorno, nadar, cultivar flores sagradas de loto...; por otro lado, es un elemento arquitectónico muy valioso, que embellece y da prestigio a la vivienda. Vatsyayana afirma que en el agua la unión carnal resulta más placentera. Según algunos mitos hindúes, los dioses del mundo subterráneo observan a los hombres usando los lagos como ojos. De este modo, poseer un estanque en casa equivale a invitar a las fuerzas divinas a participar en la vida de la familia. El agua del estanque también se usa para la aspersión de los ídolos el día de año nuevo, para simbolizar la purificación y la regeneración.
Esta carta indica que en la relación entre los amantes hay algo puro, bendecido por las fuerzas celestes, que va más allá de la mera satisfacción de la carne y adquiere un valor sagrado. Cuando se aman, los miembros de la pareja se hacen mejores, el afecto los purifica de las escorias negativas de sus experiencias y juntos pueden reproducir la armonía sagrada de los abrazos de los dioses.

Para ella: tus ojos han de ser las aguas calmadas de los lagos en los que tu amado puede ver el reflejo de su amor.

Para él: si tu mujer es un lago, tu debes ser el viento de la pasión que encrespa su superficie con pequeñas olas de placer.

Mensaje: el amor ha de ser nítido como un lago cristalino.

50 - El matrimonio

En Occidente el matrimonio es la coronación de un sueño de amor, que depende solamente de la voluntad de quienes lo contraen, y puede deshacerse cuando el amor mengua. En Oriente, en cambio, y particularmente en la India, es un contrato social que liga no solamente a las personas, sino también a las familias, instaurando relaciones basadas en la conveniencia económica y en la adquisición de poder y de prestigio. Además, un buen matrimonio es *dharma,* en el sentido de que sacraliza la vida sexual, distinguiéndola de la ciega pasión de los sentidos y dándole una serie de reglas fundamentales sin las cuales el amor se convertiría en un impulso bajo y vulgar; es *artha,* en el sentido de que incrementa las propiedades y los bienes de una familia y trae fortuna y prosperidad; y es *kama,* en el sentido de apego a la vida, amor hacia los hijos, deseo de bien y felicidad. Hay matrimonios de amor que a menudo se celebran con engaño. Por ejemplo, Vatsyayana aconseja al hombre que quiere casarse con una mujer en contra de su voluntad o sin el permiso de la familia, que la posea mientras esté dormida, para robarle la virginidad, luego llevar el fuego a la casa de un brahmán y casarla recitando unas fórmulas. Según la filosofía hindú, un matrimonio acertado es la representación terrenal de la unión del cielo y de la tierra, del dios y de la diosa y del principio femenino con el principio masculino. El matrimonio es la condición fundamental para transmitir la vida, lo cual es una función sagrada. El hombre y la mujer, cuando se unen, no son más que instrumentos para canalizar la fuerza vital del universo y reproducen el proceso de continua creación y destrucción en el que se basa la existencia de todo el cosmos. Esta carta indica que la relación necesita encontrar su dignidad, tener una regularidad ratificada por la comunidad a la que se pertenece si se quiere que dure en el tiempo.

Para ella: si el matrimonio es tu deseo más intenso, habla con tu amado, pero no le obligues a dar este paso si todavía se siente inseguro.

Para él: contempla el matrimonio como una ocasión de felicidad y no como una jaula en la que estarás preso.

Mensaje: el cemento del matrimonio es la fidelidad.

51 - La miel

Muchos dulces hindúes están hechos con miel, que, al parecer, ayuda al hombre a mantener su sexualidad fuerte y vigorosa. Desde el punto de vista espiritual, la miel es considerada un alimento purísimo, y es incluso equiparada con las sagradas escrituras hindúes, como símbolo de sabiduría y de doctrina incontaminada, ya que la miel es tan dulce cuando se empieza a degustar como al final, y no deja ningún tipo de sabor posterior. En muchas culturas, está considerada un don de los dioses y se usa como metáfora al describir la cultura religiosa, el conocimiento místico, la revelación iniciática, la beatitud suprema del espíritu y el estado del nirvana. La miel, el más dulce de los alimentos, puede borrar las amarguras de la vida y el dolor. La miel se usa para ofrendas y sacrificios destinados a las fuerzas celestiales y también está muy ligada con la fertilidad. Así, por ejemplo, en los *Veda* se considera manantial de vida y de inmortalidad y principio fecundador, y se la compara con el esperma del Océano: «Del mismo modo que las abejas que fabrican el jugo vierten el jugo en el jugo, así en mí, oh Ashvin, la luz, la agudeza, la fuerza y el vigor están confirmados. Oh, Ashvin, extiende sobre mí el jugo de las abejas, oh señores del esplendor, para que yo dirija a los hombres una palabra llena de luz» (*Atharva Veda* 91). Pero hay que velar por que la miel en la relación no sea artificial, o que uno no utilice la dulzura para seducir al otro, engatusándolo, para luego transformarlo todo en hiel, como la cortesana de bíblica memoria.
Esta carta indica que, en la relación, el sexo y los arrebatos de pasión de los sentidos no son suficientes, ya que hace falta intimidad y cariño. La miel es el símbolo de la dulzura y, por esta razón, es un ingrediente fundamental en el juego del amor. Sin embargo, al ser un producto muy puro es el alimento espiritual de los santos y de los sabios, y se usa como metáfora para indicar las virtudes de la persona amada.

PARA ELLA: sé la miel que dulcifica las amarguras de tu amado y guarda para él toda la ternura necesaria para consolidar vuestra unión.

PARA ÉL: disfruta de la intimidad con tu amada y no temas mostrarte cariñoso y protector, ya que esto no va en detrimento de tu virilidad sino que la incrementa.

MENSAJE: el amor transforma el dolor en leche y miel.

52 - El nudo de amor

En muchas culturas las uniones matrimoniales se sellan con un nudo, que puede juntar las manos de los esposos o ligar algunas partes de la mujer, por ejemplo el pelo o el vestido, como garantía de virginidad de la esposa. El nudo se convierte en talismán cuando «liga» las fuerzas del mal y los espíritus negativos y les impide causar el mal, o también cuando asegura a la persona que lo hace algunas condiciones positivas como la fertilidad, la solidez, la abundancia, etc. El nudo de amor también se utiliza en forma de práctica mágica para asegurarse la fidelidad de la esposa. Los hindúes musulmanes todavía hoy anudan dos ramas de un árbol antes de emprender un viaje. Si al regresar las ramas todavía están unidas por el nudo significa que la mujer ha sido fiel, mientras que si el nudo se ha deshecho significa que lo ha traicionado. El nudo tiene un significado ambiguo porque también puede limitar, obligar, excluir. Por tanto, cuando una mujer quiere romper con un amante que ya no le gusta, basta que corte el nudo que lo mantiene unido a ella. Deshacer el nudo de amor corresponde, en el lenguaje del corazón, a una crisis profunda, un divorcio, un abandono; a veces incluso equivale a la muerte. Por ejemplo, en la mitología hindú, lazos, cuerdas y nudos están asociados a Yama, la divinidad de la muerte. En efecto, cuando dos personas estrechan el nudo del amor, mueren como seres individuales y renacen como pareja.

El nudo tiene muchos significados. El más importante tiene que ver con la fidelidad. La mujer se anuda el vestido y sólo su amado podrá deshacer aquel nudo, liberando la salvaje sensualidad de su pasión.

Esta carta indica que una relación profunda debe basarse en la exclusividad y en la fidelidad recíproca; los amantes tienen que estar atados por un nudo de vida antes incluso que por un contrato como podría ser el matrimonio.

Para ella: piénsalo bien antes de apretar un nudo de amor con un hombre; una vez tomada la decisión, respétala.

Para él: el nudo estrechado con la mujer a la que amas exige el compromiso por tu parte de ser fiel y de cuidarla.

Mensaje: el nudo del amor es sagrado.

53 - El pavo

En el mundo occidental, el pavo tiene una connotación de vanidad, a lo que contribuye su canto desafortunado, que «desentona» en un animal tan bonito. En cambio, en Oriente es un símbolo solar muy positivo: al desplegar la cola, este animal recuerda al sol, que irradia luz y calor, y en algunas culturas orientales es un atributo del rey. En el mundo hindú representa la belleza y su poder de transmutación, porque hace ser mejor.
El pavo, cabalgadura de la divinidad de la fecundación celestial, Kumara, según la mitología hindú está considerado un gran destructor de serpientes peligrosas, y por este motivo suscita todavía más fascinación el hecho de que este pájaro sea capaz de transformar los venenos, que absorbe de las serpientes de las que se alimenta, en los colores magníficos de su plumaje. Los antiguos hindúes creían que su carne no se descomponía, y por eso se convirtió en un símbolo de inmortalidad y de atributo de los dioses.
En algunas obras de literatura erótica, al pavo se le llama también «el intercesor» o «el intermediario», porque se cree que su canto predispone a las mujeres para el coito, mientras que los vestidos que reproducen el color de la cola del pavo sirven para despertar en las mujeres pasión y sensualidad. Esto explica la presencia en la iconografía hindú de abanicos de plumas de pavo, o de jarrones en los que estas plumas se conservan como si fueran flores. Los cien ojos de su cola son sinónimo de las cien emociones que unen a los amantes, y los muchos y variados colores de las plumas representan los matices infinitos del sentimiento que puede unir a un hombre y una mujer.
Esta carta indica que el sentimiento que existe entre los amantes es grande y fuerte como el sol, la luna y todo el universo con sus criaturas, representadas por la cola del pavo, que reúne todos los colores.

PARA ELLA: acepta con alegría las atenciones de tu amado, ya que su amor es grande y profundo.

PARA ÉL: tu mujer es para ti como el sol que irradia el calor de sus rayos en tu vida.

MENSAJE: en los cien ojos del pavo, cien momentos de amor.

54 - La perla

Según la tradición occidental, la perla simboliza el amor, pero también las lágrimas. Regalar un anillo de compromiso con una perla trae mala suerte, porque hace inevitable la ruptura, pero este efecto negativo se desvanece si se regala a la esposa. El collar de perlas, en cambio, infunde energía positiva, siempre que tenga un número impar. Las perlas calman el estado de agitación y favorecen la tranquilidad y la relajación. Dicen los hindúes que alargan la vida y facilitan la exteriorización de las emociones del subconsciente. La perla es un símbolo lunar, ligado a la feminidad y al agua, que recuerdan el principio creador. Además, nace en una concha, que es el emblema del sexo femenino por excelencia. En este sentido, regalar perlas a una mujer conlleva un profundo significado sexual, pero al mismo tiempo el deseo de una unión basada en el amor y la complicidad. La perla simboliza la pureza, porque es rara, blanca y luminosa como la luna y a menudo carente de defectos, pese a nacer de una concha parecida a una roca bruta, oculta en los fondos arenosos. Por todo esto la perla es un atributo de la esposa o de la persona con la que se desea tener más que una aventura. La compañera a la que se ama es rara y preciosa, y puede llevar a la felicidad y a la iluminación espiritual. En la cultura hindú «horadar la perla» significa privar a la muchacha de la virginidad, y regalar perlas a la concubina o a la amante significa concederles un carácter noble. Ponerse joyas de perlas, concretamente pendientes, significa asumir en uno mismo parte de la sagrada nobleza de la perla. Además, los hindúes creen que las perlas son un potente afrodisiaco si se pulverizan y se disuelven en bebidas embriagadoras.
Esta carta indica que la relación está marcada por unas características que la convierten en única, fuerte y sólida, y por medio de la unión es posible elevarse espiritualmente. La perla, de hecho, es un atributo de los poderosos, de los nobles y de los dioses, y es preciosa porque es pura y rara.

Para ella: abre tu corazón de concha a tu amado si él es realmente digno, y muéstrale la perla de tu amor.

Para él: tu amada es una perla por su refinamiento y por la belleza que la distingue. No la eches a perder.

Mensaje: el amor sincero es una perla rara.

55 - El pie

Si la cabeza es el inicio del cuerpo, el pie es el final, y es muy necesario, no sólo por el uso que se le da al caminar, sino también en el juego de la pasión, como objeto de atención. En gran parte del mundo oriental existe un verdadero culto al pie, considerado como objeto sexual, como parte del cuerpo excitante eróticamente. Las mujeres se pintan los pies con gena y otras sustancias, se los adornan con joyas y los convierten en objetos de interés fetichista. Y esto sin llegar al culto del denominado «Lirio de oro», el pie vendado de las mujeres chinas, que constituía un gran atractivo sexual. Dado que el pie está en contacto con la tierra, existía la creencia de que transmitía al suelo los poderes y la influencia de la persona que camina. La fe popular de la India antigua, al igual que otras religiones, veneraba las cavernas naturales formadas en la piedra, porque se consideraban grandes huellas dejadas por los pies de divinidades, héroes, profetas y santos. Este es el caso, por ejemplo, de los numerosos *Vishnupada*, las huellas del dios impresas en el mundo humano. Según la tradición, Visnú midió el universo en tres pasos, el primero de los cuales corresponde a la tierra, el segundo al mundo del medio y el tercero al cielo.

Esta carta indica que los dos componentes de la pareja, con sus lados positivos y negativos, con sus peculiaridades y sus caracteres, son necesarios para el éxito de la relación: el pie del hombre y el zapato de la mujer, que recibe y contiene. Si ambas partes están en armonía y se adaptan una a la otra, el camino no presentará dificultades. Y, al contrario, si uno domina al otro, o si hay obligación, el trayecto será doloroso y durará poco. Desde el punto de vista de la unión sexual, la *yoni* debe tener la longitud necesaria para acoger al *lingam* «como anillo al dedo», ni más ni menos.

PARA ELLA: deja que tu amado te acaricie los pies, beneficiará tu estabilidad y te procurará un placer intenso.

PARA ÉL: igual que el pie sostiene el cuerpo, tú sostienes a tu mujer en los momentos de debilidad y de cansancio.

MENSAJE: el amor verdadero no debe tener nunca pies de arcilla.

56 - La espada

Según las teorías tántricas, la espada sirve para cortar el nexo que nos une a lo concreto y nos impide la elevación hacia lo universal. En el contexto de la relación, es el símbolo de la lucha contra las limitaciones mentales y morales que impiden el crecimiento de la pareja como entidad sagrada. Pero, por otro lado, también hace referencia a la guerra interior que lleva la persona contra sus vicios y la parte peor de ella misma, aquélla que Jung denomina «sombra», que puede minar la solidez de la relación.
En la iconografía hindú, muchas veces la espada aparece junto al lecho del guerrero, mientras que este se entretiene en juegos eróticos con su compañera, lo cual significa que en el amor el hombre ha de estar indefenso y rendirse ante la dulzura de la amada, que es capaz de desarmarlo y conquistarlo sin pelear. Indica que en la relación no debe haber miedos o sospechas que induzcan a armarse para defenderse del otro, casi como si fuera un enemigo que atenta contra nuestra libertad y nuestra vida.
Esta carta indica que por parte del hombre hay audacia y valor, ya que la espada es el atributo de los reyes y los príncipes, de los soldados y de los que luchan contra las injusticias. Además, al tener cortes en el mismo filo evoca el simbolismo sexual de unión para la victoria. En efecto, si permanecen unidos en las adversidades, los amantes son capaces de cortar las ramas muertas de su relación, de separar la verdad de la mentira, defendiendo su amor, si fuera necesario, contra las injerencias de quien quiere entrometerse y arruinar la felicidad de la pareja. La espada simboliza la fuerza guerrera y, al ser un símbolo fálico, representa la potencia masculina. También es el emblema del conquistador, que usa de adorno cuando emprende la conquista de una mujer. Esta puede sentirse amenazada por la espada, y en tal caso debe realizar un atento examen de conciencia y descubrir por qué considera al hombre como un agresor en potencia, peligroso y destructivo.

PARA ELLA: confía en tu compañero; él es el guerrero que te defiende de los malos trances de la vida y te protege del dolor y del sufrimiento.

PARA ÉL: sé un conquistador dispuesto a rendirte ante la dulzura de tu amada y no te defiendas de tu amor por ella.

MENSAJE: el amor es la defensa de los fuertes.

57 - La yoni

La palabra *yoni* en sánscrito significa «matriz» y se usa para designar el órgano sexual femenino, pero el sentido del término no se limita a la parte anatómica ni se usa solamente para referirse al sexo. En realidad, abarca una serie de conceptos ligados al mundo de lo femenino, la energía de la mujer y todas las características típicas de su carácter, como son la fantasía, el cariño, la adaptabilidad, la sensibilidad, la ternura, etc. Simboliza un camino de acceso a los conocimientos secretos, las riquezas ocultas, la unión sagrada con la Madre Tierra, que está representada en la mujer.
Los hindúes consideran desde siempre el amor como un acto sagrado, el equivalente humano a la creación. Para ellos el sexo representa la unión de Parusha (Señor) con Prariti (Energía), y está sacralizado en la unión de Siva y Shakti , creadores del mundo. El símbolo de Siva es el *lingam*, y el de Shakti es la *yoni*. Todo esto está contenido en el *Rig Veda* o *Himno de la Creación*. En algunos poemas, la *yoni* se describe como la puerta del jardín de las delicias, la gran madre secreta, la caverna de los tesoros, y refleja la idea de vía de entrada al mundo interior, de paso a un lugar de placer infinito, beatitud eterna y gran riqueza. Este símbolo evoca fortuna y prosperidad, y muy a menudo, en forma de concha, se convierte en un atributo de los reyes y de los dioses, como se puede ver en las representaciones y en las esculturas.
Esta carta indica la fuerza femenina que mueve el mundo, que es sagrada si se une a la masculina, y que nunca debe convertirse en algo que fagocita y destruye, ya que en tal caso la relación de desmoronaría, sino que debe generar todo tipo de placer, maternidad, amor y afecto, que son los elementos indispensables para una unión auténtica. La mujer debe «parir», a sí misma y al hombre, para renacer como pareja, purificada y sacralizada.

PARA ELLA: sé el jardín secreto en el que se cultiva la espléndida flor de la relación con tu amado y no temas sus intrusiones.

PARA ÉL: venera la *yoni* de tu mujer como la matriz de la vida universal, porque ella es la representación de Shakti.

MENSAJE: la mujer no es nada sin el hombre.

58 - El espejo

El espejo no es solamente un instrumento de vanidad. Es más bien un medio de introspección para conocerse a uno mismo y para entender sus capacidades y virtudes. Lo que aparece reflejado en la superficie plateada no es simplemente un rostro, sino un reflejo de la inteligencia cósmica. El espejo es claro, puro y brillante, y refleja todos los fenómenos con imparcialidad, sin distinguir lo bonito de lo feo, sin emitir ningún juicio. De igual modo, la conciencia debe ser indiferente ante lo que se presenta como bonito o feo, debe mantenerse neutral con relación a la naturaleza y al mal. Como el reflejo en un espejo, la esencia de la conciencia es el vacío, la ausencia de sustancia, por eso la conciencia debe continuar manifestándose sin empatía con respecto a las cosas de la vida, exactamente igual que hace el espejo. Las nubes van y vienen por el cielo, pero la naturaleza del cielo permanece inmutable. Lo mismo ocurre con las imágenes que van y vienen por la superficie de un espejo. Normalmente, en la India, los espejos están hechos de metal pulido, plata, bronce o cobre. Antiguamente, en la India se usaban espejos hechos con cinco metales. Algunos espejos están decorados con motivos que recuerdan la cola del pavo real, otros llevan largas tiras de seda de colores, y otros están decorados con dibujos y miniaturas. También hay espejos para la adivinación, utilizados para visiones proféticas y para escuchar los oráculos de las divinidades. Con su reflejo, el espejo transforma el tema más insignificante en universal. Esto es así porque en la reconstrucción que tiene lugar en el espejo se dibujan las fuertes influencias de
lo sobrenatural que, en el lenguaje del símbolo, intervienen en la composición de la imagen, cuando no aprovechan el fértil territorio del reflejo como espacio para comunicarse con los mortales.
El significado de esta carta es que uno debe mirar dentro de sí para saber qué quiere del otro, antes de lamentarse y acusarlo de no ser como nosotros querríamos que fuese.

Para ella: sé el espejo en el cual tu amado pueda verse reflejado para descubrir sus mejores lados.

Para él: busca en tu mujer el reflejo de la diosa que hay en ella y hónrala con respeto y devoción.

Mensaje: el espejo muestra el verdadero rostro del amor.

59 - La danza

La danza es uno de los modos utilizados por los dioses para crear el mundo y adquiere un significado especialmente sagrado cuando se refiere a la unión carnal. Es una de las principales habilidades que debe poseer una mujer, puesto que tiene la función de representar el aspecto místico de la creación y el aspecto más sensual y terrenal. Muchas danzas son una alusión directa a la unión sexual y tienen la capacidad de excitar la fantasía del hombre amado. La danza hindú posee unos códigos que se remontan al siglo II d. de C. El texto que trata de las danzas, el *Natyasastra*, es una relación completa de las distintas posiciones del cuerpo, de las manos y de los dedos. A lo largo de los siglos, la compleja historia de la India ha conllevado una extraordinaria fragmentación de la cultura, que se pone de manifiesto en la gran cantidad de danzas rituales que se conocen. El símbolo que une todos los tipos de danza es el *tandava* de Siva-natarâya. En él, el dios danza dentro de una circunferencia de llamas y representa al mismo tiempo la creación, la conservación y la destrucción, características que se adaptan a cualquier realidad física o espiritual y a la del deseo entre dos seres humanos. Además, la danza nos remite al concepto de orden, armonía y ritmo. La danza de los cuerpos en el abrazo tiene una gran similitud con la danza de los opuestos, que se atraen y se rechazan para dar forma a la realidad material.
Esta carta indica que es necesario danzar en pareja si se quiere crear una relación propia. La danza es armonía, y cada uno de los miembros de la pareja debe saber cuál es su papel y acatarlo, ya que en caso contrario se produce un desfase que arruina el equilibrio de la unión. La danza es felicidad y agradecimiento por la suerte de haber encontrado al otro, así como también bendición para todas las cosas positivas que este encuentro ha aportado a la vida de cada uno.

PARA ELLA: baila para tu amado, por la felicidad de haberlo conocido y de haber formado con él una pareja sólida y armoniosa.

PARA ÉL: involucra a tu amada en la danza de la pasión, sin olvidar que sois partículas de lo sagrado que perpetúan la vida.

MENSAJE: el verdadero amor es la danza de las almas.

60 - El tigre

En la India, el tigre es el rey de los animales, símbolo de fuerza, realeza y ferocidad. En la iconografía hindú el tigre es un símbolo muy importante: representa la cabalgadura de Shakti, la fuerza vital femenina, la energía de la naturaleza, la potencia sexual de la mujer. Al estar considerado un animal muy longevo, a menudo su figura es el augurio de una vida larga y serena y, por ser un felino, está muy ligado a la condición femenina, de la que representa la fuerza y la gracia. Hasta que se implantó un programa de protección, el tigre en la India fue siempre perseguido por las gentes de los pueblos, que de paso vendían, a peso de oro, la piel y otras partes del animal que simbolizaban su fuerza, su coraje y su virilidad. Los huesos del tigre, los dientes, las uñas, la vesícula biliar y el hígado servían para elaborar pociones y se utilizaban como talismanes muy valiosos. En consecuencia, la población de tigres se ha ido haciendo cada vez más exigua y, pese a ser una especie protegida, actualmente todavía sufre el ataque de los furtivos. A continuación relatamos una anécdota hindú que tiene por protagonistas a un sabio y a su discípulo. Todos los días el sabio salía al jardín, por la mañana temprano, lanzaba con furia un puñado de sal gruesa, y seguidamente, visiblemente satisfecho, volvía a dormir. Hasta que un buen día el discípulo le formuló la pregunta fatídica: «Honorable y venerado Maestro, ¿por qué lanza cada día por la mañana un puñado de sal gruesa al jardín?». «Todo el mundo sabe que mantiene alejados a los tigres» le respondió el maestro irritado. «Pero, Maestro, si desde hace mucho tiempo no se ve un solo tigre, ni en el jardín ni en toda la región». «¡Entonces esta fórmula mágica es más eficaz de lo que creía!».
Esta carta indica que el ímpetu animal es importante, pero que es igualmente importante saber contenerlo cuando es necesario.

Para ella: aunque tengas el ánimo del tigre y te sientas ofendida, esconde las garras para no herir el alma de tu amado.

Para él: honra la vitalidad salvaje de tu amada y no le impongas condiciones ni jaulas mentales que puedan alimentar su ferocidad.

Mensaje: respeta el tigre del corazón.

61 - El jardín

El jardín es el lugar del amor por excelencia, porque constituye un magnífico marco vegetal, lleno de flores y de perfumes que estimulan los sentidos y propician el inicio del juego de la pasión a los amantes. El jardín del amor es parecido al Paraíso terrenal: está embellecido con fuentes, surtidores y juegos de agua, estanques en los que flotan espléndidas ninfas y flores de loto y circulan libremente los animales más bellos.
El jardín es el espejo del alma, un lugar que podemos crear de la nada o casi, y en donde podemos reconocernos. Se transforma junto a nosotros, evoluciona, se mezcla; es un lugar de refugio, una especie de sucedáneo del útero materno en el que se encuentra silencio, tranquilidad y espacio para la meditación. No es una reproducción a escala de los espacios naturales incontaminados; en el jardín la naturaleza está domesticada, plantada por las manos de su cuidador, y sin embargo en todos los jardines impera la acción de la Naturaleza, que a veces intenta detener las ambiciones humanas y a veces las apoya. Quien cuida un jardín proyecta en las plantas sus motivaciones y sus pensamientos profundos. El jardín es una expresión de los impulsos del alma y de los deseos de paz, tranquilidad e intimidad que caracterizan a la pareja. En muchas ocasiones, se utiliza la expresión «el jardín interior» para referirse a un mundo de pensamientos, ideas y emociones cerrado a todos, un lugar en el que retirarse y curar las heridas de la vida, en donde transcurrir momentos agradables con la persona amada lejos de miradas indiscretas.
Esta carta indica que la relación entre dos personas que se aman es un espacio privado. Quien se dispone a crear de la nada su jardín interior junto a un compañero es como si empezara a escribir una página en el gran libro de la vida: repite la creación primigenia y funda la cultura, dando vida a un pequeño paraíso personal.

PARA ELLA: sé tierra fértil en las manos expertas del jardinero, que te ama y te posee; su pasión te hará florecer.

PARA ÉL: cuida la relación con tu mujer como un jardín encantado y serás recompensado con la maravilla y la belleza.

MENSAJE: el amor es un jardín secreto.

62 - La música

La música alegra el espíritu y puede inducir a pensamientos positivos. Por lo tanto, es indispensable cuando tiene lugar el encuentro con la persona amada. Melódica y dulce, la música ayuda a entrar en la intimidad y favorece la confianza. Algunos sonidos rítmicos, especialmente los de percusión, pueden favorecer la unión y pueden hacer aumentar los latidos del corazón.
En la religión hindú, la música tiene un simbolismo que da lugar a entonaciones complejas y misteriosas.
En Oriente, la musicalidad se expresa en planos que no tienen relación directa con la música. Cada sonido, al igual que cada gesto de la danza, amplifica un estado interior muy preciso y evoca imágenes mentales concretas. Por ejemplo, en las ceremonias nocturnas, cinco trombas de distintas formas (y por tanto de sonidos diferentes) se «pasan» una especie de llamada sonora, que se sucede con mínimas variaciones, evocando una dimensión mística profunda que alguien ha comparado con la imagen interior transfigurada a través del mandala. La música también acompaña a los bailarines.
Al principio, las flautas, los cuernos, los tambores y los platos de distintas dimensiones se alinean en una métrica sonora completamente diferente de la cadencia de los bailarines. Sin embargo, a medida que la representación avanza y se aproxima a la conclusión, los dos lenguajes empiezan a entrar en armonía hasta sincronizarse.
El significado de esta carta es que hay que escuchar la música que nace del corazón, la que es sagrada y profana al mismo tiempo y permite acercarse a lo divino, incluso cuando la escuchamos con otro estado de ánimo.

Para ella: la música te transporta a un lugar fabuloso en el que podéis existir solamente tú y el hombre al que amas, y vivir vuestra pasión como una danza.

Para él: sé la música con la que tu mujer podrá bailar la danza sagrada de la vida que se renueva y se perpetúa.

Mensaje: la música del amor es silencio sagrado.

63 - La joya

El valor de la joya va más allá del material precioso con el que está fabricada. Es un atributo del dios Visnú y simboliza la importancia y la estimación que se tiene por la persona a quien uno se ofrece. En muchas culturas, para sellar un matrimonio se regala a la esposa una joya preciosa, y cuando se quiere conquistar a una amante se le regalan objetos de oro, plata y piedras raras. La joya por excelencia de la cultura hindú, *ratna*, es símbolo del conocimiento, y por eso también recibe el nombre de «joya de la doctrina». Se le atribuyen propiedades mágicas y, en el contexto iconográfico, se relaciona con la riqueza, entendida como el logro total del bienestar material. Algunas divinidades están acompañadas del pequeño *mungo*, un animalito parecido a una garduña que escupe perlas a los fieles. El *ratna* puede estar representado de varias formas: la más común es una piedra ovalada y transparente, circundada por una corona de lenguas de fuego. De todos modos, se conocen muchas variaciones de este modelo.

En la iconografía hindú, la joya se propone a veces como una verdadera perla, es decir, como símbolo de perfección y de pureza. Un aspecto curioso es que nunca aparecen joyas en las manos de las divinidades, quizá por la intención clara de no contaminar al dios con un bien material. La joya también puede formar parte del conjunto decorativo y simbólico del *danda*, el cetro que es materialización objetiva del concepto de poder.

El significado de esta carta es la invitación a reflexionar sobre el valor de lo que tenemos y de la persona con la que compartimos la vida, que puede ser la mayor riqueza de nuestra vida. Saberlo es necesario para no derrochar nuestro tesoro.

PARA ELLA: sé la joya que enriquece la vida del hombre al que amas con la luz de sus mil caras.

PARA ÉL: regala joyas a tu amada para demostrarle lo valiosa que es su presencia en tu vida.

MENSAJE: el verdadero amor es una joya.

64 - Kalí

La diosa Kalí es muy apreciada en la India, aunque puede adoptar un aspecto aterrador. Como señora de la muerte se la representa desnuda, sin adornos y falsos pudores, negra, con una masa imponente de pelo suelto y los senos turgentes; lleva un collar de cráneos y de huesos, tiene dos pares de manos en cada lado, tres ojos y muestra una lengua pintada de rojo vivo. En realidad es la diosa de la fuerza vital, la imagen de la Gran Madre que da la vida. Al ser considerada la forma más pura de energía, nos ayuda y nos redime de las consecuencias de nuestras acciones inconscientes. Según la doctrina tantrista, Kalí genera todas las formas de vida y protege la sensualidad en todas sus expresiones. Kalí simboliza los impulsos profundos que llevan a un hombre y a una mujer a unirse sexualmente y a buscar el placer. Los hindúes la veneran no solamente en los templos, sino también dentro del propio cuerpo: la energía de Kalí se encuentra en todas las personas bajo el semblante de Kundalini, una serpiente energética acurrucada en la base de la columna vertebral y que puede despertarse, atravesar los *chakra* y liberarse. El camino principal para despertar la Kundalini es el control consciente de la relación sexual y la guía, por parte del experto en tantra, de esta energía de forma consciente a través de los nudos principales del cuerpo. Kalí personifica la potencia incontenible de la pasión, libre de todo vínculo moral, y debe ser guiada para transformar radicalmente la conciencia. Kalí es aquella que devora el tiempo y su aspecto; aparentemente aterradora, esconde un mensaje muy preciso de liberación, que a los occidentales puede resultar de difícil comprensión.

Esta carta significa que para conocer la verdad es necesario ir más allá de las apariencias, y para descubrir los lados positivos de la persona a la que se ama, a veces se deben superar sus aspectos desagradables, aquellas parcelas de su carácter que pueden constituir defensas inconscientes.

PARA ELLA: acepta tu parte destructiva y ayuda a tu amado a liberarse de las máscaras que usa para proteger su verdadera identidad.

PARA ÉL: honra la fuerza de tu mujer que, al igual que la diosa Kalí, quema las escorias y descubre tu potencial.

MENSAJE: amor y muerte están estrechamente ligados.